TensorFlowを使った「ニューラル・ネットワーク」の構築法

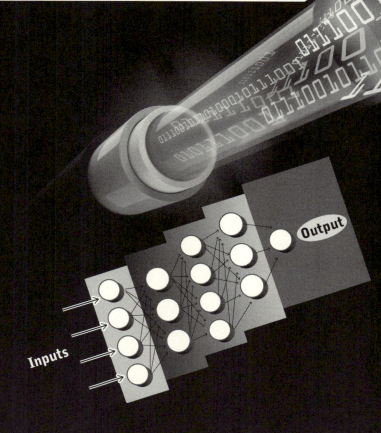

はじめに

　私は知識ゼロからGoogleの「TensorFlow」(テンソル・フロー/テンサー・フロー)を独学で学びました。そして、2ヶ月で「画像分類器」をはじめとした「深層学習システム」を構築できるようになった経験があります。
　現在は、企業で深層学習を使った画像処理デバイスを開発中で、2017年11月に開催された「計測展2017」に出品できました。そして、このデバイスの商品化に向けて頑張っている最中です。

　その経験を踏まえて、これから「深層学習」を勉強する方を一気に私のレベルまで押し上げることを目的にこの本を書きます。
　先駆者が「TensorFlow」を始めとした「深層学習」の開発ツールを揃えてくれた今、理論の知識が少ししかなくても私たちは「深層学習システム」を構築できるのです。

＊

　この本の目的は、以下の通りです。
　「TensorFlow」をこれから勉強する方が、「TensorFlow」のコードを書きながら、

・理論を、浅く広く理解すること
・「TensorFlow」を使って「機械学習システム」を構築できること

を目指します。

　「TensorFlowを使って機械学習システムを構築できること」は、ここでは「TensorFlowを使って好きにニューラル・ネットワークを構築できること」とします。

＊

　「ニューラル・ネットワーク」が何のことか分からないという人も、「TensorFlow」のコードを書いて確かめながら説明していくので、心配しないでください。

謝辞

　この書籍を執筆するにあたり、多大なモチベーションを与えてくださった山下康紀氏に感謝申し上げます。

高木　聡

TensorFlowを使った「ニューラル・ネットワーク」の構築法

CONTENTS

はじめに …………………………………………………………… 3

第1章　「TensorFlow」開発環境の構築

1-1　開発環境 ……………………………………………………… 8
1-2　「Windows」と「Ubuntu」のデュアルブート①
　　　　　　　　（「Wubi」を使用）での開発環境 … 10
1-EX　ディレクトリ単位の「Python仮想環境」構築 …………… 17

第2章　「TensorFlow」のコードを通して学ぶ「深層学習」の原理

2-1　背景 …………………………………………………………… 28
2-2　「ニューラル・ネットワーク」の原理の入門の入門 ……… 30
2-3　「ニューラル・ネットワーク」の原理 ……………………… 34
2-4　「ニューラル・ネットワーク」はどう学習するか ………… 37
2-5　「ニューラル・ネットワーク」は「任意の関数」を表現できる… 39

第3章　画像処理

3-1　初心者のための手書き数字認識 …………………………… 110
3-2　熟練者のための「手書き数字認識」(DeepMNIST)…… 118
3-3　「一般物体認識」で「イヌ」「ネコ」「車」を分類！(Inception-v3)… 141

第4章　GPU環境構築

4-0　「GPU」とは …………………………………………………… 148
4-1　「Ubuntu」に「CUDA」をインストール ………………… 149
4-2　「Ubuntu」に「cuDNN」をインストール ………………… 151
4-3　「TensorFlow-GPU」のインストール …………………… 153
4-4　自分で作った「データセット」を使い認識させる！ …… 154

第5章　「TensorFlow」による「自然言語入門」の入門

5-1　RNN(再帰型ニューラル・ネットワーク) ………………… 184
5-2　word2vec …………………………………………………… 186

索引 ………………………………………………………………… 189

●各商品は一般に各社の登録商標または商標ですが、®およびTMは省略しています。

第1章

「TensorFlow」開発環境の構築

「開発環境」は最初の一歩ですが、実はいちばん大変です。

第1章 「TensorFlow」開発環境の構築

1-1 開発環境

2016年7月時点では、Windowsに対応していなく、「Docker」という「仮想環境構築」のためのツールでUbuntu(Linux)の環境を作り、「TensorFlow」開発環境を構築しました。

どれも初めて触るツールばかりで、「環境構築」に3日かかったのを覚えています。これはたくさんの小さな障壁があったからです。

たとえば会社のネットワーク内からの接続のための「Docker」のプロキシ設定などです。

しかし、その後、「Ubuntu」(Linux)やMacで環境を構築した際には、10分くらいで環境構築ができ、「こんなに簡単なのか」と肩透かしを食らいました。

現在はWindowsの開発環境も提供されているため、そのように時間がかかることもないと思います。

しかしながら、私は「Ubuntu」での開発を推奨します。なぜなら、「TensorFlow」以外のツールのインストールのしやすさも重要だからです。

「機械学習」は、実績のある「画像分類」、これから期待される「自然言語処理」や「音響処理」のための他のツールと組み合わせて使うことが多いです。

つまり、「TensorFlow」は画像処理ライブラリの「OpenCV」や、その他ライブラリと組み合わせて開発することが多いのです。

たとえば「Ubuntu」では、「Python版OpenCV」をインストールする際には、

```
$ sudo apt-get install python-opencv
```

の一行のコマンドでインストールできます。

他にもさまざまなツールをapt-getコマンドでインストールできます。

最終的に「Ubuntu」を選びましたが、その前にさまざまな環境を試し

1-1 開発環境

ました。

筆者の試した環境をまとめると、以下のものがあります。

- 「Windows7」と「Ubuntu」のデュアルブート①
  (「Wubi」というツールを使用)
- 「Windows7」と「Ubuntu」のデュアルブート②
  (ディスクイメージからインストール)
- 「Windows7」に「Docker」を用いたUbuntu仮想環境
- 「Windows10」と「Ubuntu」のデュアルブート①
  (「Wubi」というツールを使用)
- 「Windows10」と「Ubuntu」のデュアルブート②
  (「ディスクイメージ」からインストール)
- OSX
- Raspbian(RasberryPi用のLinux)

特にこだわりがない場合は「WindowsとUbuntuのデュアルブート①(「Wubi」というツールを使用)」を推奨します。

ただし、それぞれに長所と短所があるので、自分の作りたいものに合わせて環境を用意するのが吉です。

第1章　「TensorFlow」開発環境の構築

1-2 「Windows」と「Ubuntu」のデュアルブート①（「Wubi」を使用）での開発環境

筆者の環境は、以下の通りです。

OS	Windows7　64bit
CPU	Core i7-5500U 2.40GHz × 4
GPU	標準Intel HD Graphics 5500
メモリ	8GB

これに「Ubuntu」をデュアルブートしました。

＊

「TensorFlow」開発環境は、以下の通りです。

OS	Ubuntu 16.04.1 LTS 64bit
言語	Python 2.7.12
計算処理ライブラリ	TensorFlow 0.11.0
メモリ	8GB

■「Windows7」と「Ubuntu」の「デュアルブート環境」を構築

「Windows7」に「Ubuntu」を「デュアルブート」で入れるには、「Wubi」というインストーラを使うのが簡単です。

「Wubi」はWindowsユーザーのための「Ubuntuインストーラ」です。
これを使えば、他のWindowsアプリケーションと同じ感覚で「Ubuntu」をインストールしたり、アンインストールできます。
おまけに、Windowsとの共有フォルダもあって便利です。

●「Ubuntu本体」をダウンロード

Windowsにログインし、以下のページから「Ubuntu本体」の「isoファイル」をダウンロードします。
「64-bit PC (AMD64) desktop image」を選びます。

http://old-releases.ubuntu.com/releases/16.04.1/

1-2 「Windows」と「Ubuntu」のデュアルブート①

●「Wubi」をダウンロード

https://github.com/hakuna-m/wubiuefi/releases/tag/16041r311

●「Wubi」を用いた「Ubuntu」のインストール

「Cドライブ」に、以下のフォルダを新規作成。

install_for_wubi

先ほどダウンロードした両ファイルをここに移動。
　フォルダの名前や場所は任意ですが、この2つのファイルが同じ階層にあることだけ守るように注意してください。

install_for_wubi
├ubuntu-16.04-desktop-amd64.iso
└wubi16041r311.exe

「wubi16041r311.exe」をダブルクリックすると「Ubuntuインストーラ」が起動します。

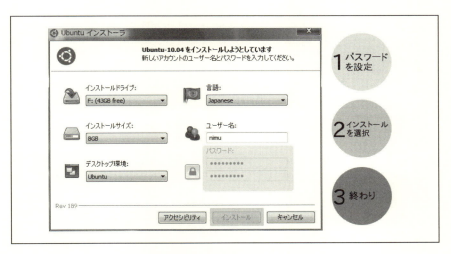

図1-2.fig1　Ubuntuインストーラ

第1章　「TensorFlow」開発環境の構築

　各設定の説明は、以下の通りです。
・**インストールサイズを選択**
　Windowsの領域をどれだけ「Ubuntu」に割り当てるか決める。
・**パスワードを設定**
　パスワードは「Ubuntu」のログイン時に使用。
・**インストールを選択**

● **「Ubuntu」を起動**
　「Windows」を再起動すると、OSの選択画面が出てきます。

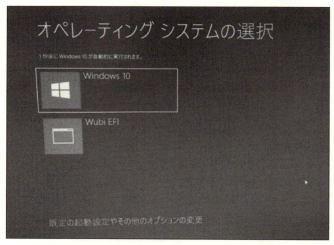

図1-2.fig2　OS選択画面

　「Ubuntu」を選択します。
　初回の起動は少し時間がかかります。
　次のような画面が出たら、インストール成功です。

図1-2.fig3
Ubuntuデスクトップ画面

1-2 「Windows」と「Ubuntu」のデュアルブート①

●日本語設定

日本語の設定をします。
その場合、「設定」→「言語サポート」からアップデートして、再起動します。

図1-2.fig4　「設定」ボタン

■「Python」のバージョンを確認

左上ダッシュボードに「terminal」と入力し、検索結果の「ターミナル」をクリックします。
すると「ターミナル」が起動されます。

以下のコマンドを入力し、実行して「Python」のバージョンを確認します。

```
$ python -V
```

今回使うのは「バージョン2.7系」で、「Python 2.7.xx」と表示されればOKです。

■「TensorFlow」(0.11.0) をインストール

「TensorFlow」はGoogleの「計算処理ライブラリ」です。
つまり、計算を助けてくれるライブラリです。
特に「機械学習」のモデルを作るのに向いています。

第1章　「TensorFlow」開発環境の構築

「TensorFlow」の主な特徴や利点を以下に示します。

・スケーラビリティ

「PC」「サーバ」「モバイル端末」まで、各マシンのリソースに応じてスケール。

つまり、低スペックなマシンでも動作し、GPUが使えるハイスペックなサーバであれば、そのリソースを活用した計算が可能である。

・「簡易/柔軟」な記述方式

「TensorFlow」以外のどのライブラリでもよく特徴としてあげられるもの。

具体的に示すと、チュートリアルとしてちょうどいい難易度の「90%」前後の認識率の手書き数字認識プログラムを「20行」程度のコードで記述が可能。

また、熟練者向けの「99.2%」前後の認識率の「手書き数字認識プログラム」は70行程度のコードで記述可能。

・**多数のプログラミング言語からの利用**

2018年4月時点では「C」「C++」「Python」「Java」「Go」に対応している。

・**可視化機能**

「TensorBoard」という構築した「計算フローの可視化機能」が付属している。

・**過去の実績**

Googleの各種サービスで使われた実績がある。

これらの特徴や利点から「TensorFlow」に将来性があると判断しました。

もちろん、「機械学習ができる」とうたう、さまざまなライブラリがあり、それぞれ得意なことがあるので、他のライブラリの動向にも常にアンテナを張る必要があります。

*

1-2　「Windows」と「Ubuntu」のデュアルブート①

　では、「TensorFlow」のインストールをしていきます。

[1] 以下のコマンドを実行し、「apt-get」でインストール可能なパッケージのリストを最新の状態にします。

```
$ sudo apt-get update
```

[2] 「apt-get installコマンド」を実行し、2つのツールをインストールします。

- **pip**
　Pythonで書かれたさまざまなパッケージソフトウェアを管理するシステム
- **python-dev**
　Pythonの開発用ツール。
　Pythonモジュールの構築や、アプリケーションへの組み込みのためのヘッダファイル、静的ライブラリなど。

　もし、デフォルトで入っていない場合は、インストールが開始されます。

```
$ sudo apt-get install python-pip python-dev
```

[3] 以下のコマンドを続けて実行します。

```
$
export TF_BINARY_URL=https://storage.googleapis.com/tensorflow/linux/cpu/tensorflow-0.11.0-cp27-none-linux_x86_64.whl
$ sudo pip install --upgrade $TF_BINARY_URL
```

　これで「TensorFlow」がインストールされます。

＊

　ここで、「TensorFlow」インストール終了の確認をします。

　まず、「**python**」と入力し、実行します。
　するとPythonのコンソール画面が出力されます。

　「Python」は「スクリプト言語」であるため、対話的な入出力が可能で、

第1章 「TensorFlow」開発環境の構築

一行ずつの実行ができます。
　「>>>」以降に命令文を入力し、一行ずつエンターキーで実行します。

```
$ python

>>> import tensorflow as tf
>>> hello = tf.constant('Hello,「TensorFlow」!')
>>> sess = tf.Session()
>>> sess.run(hello)
Hello,「TensorFlow」!
>>> a = tf.constant(10)
>>> b = tf.constant(32)
>>> sess.run(a+b)
42
>>>quit()

$
```

＊

以上で、「TensorFlow」のインストールと動作確認が終わりました。

1-EX ディレクトリ単位の「Python仮想環境」構築

ここでは、1台の「Ubuntuマシン」に複数の環境を作ります。
「複数の環境を作る」とは、以下のような環境を手軽に切り替えられるようにすることです。

・Python2.7+TensorFlow0.11
・Python2.7+TensorFlow1.0
・Python3.5+TensorFlow1.4
・Python3.5+TensorFlow-GPU1.4

とにかく早くチュートリアルを進めたいという方は、ここを読み飛ばして**第2章**から読んでください。
「Python2.7+TensorFlow0.11」で進められるように書いているので、そのままで問題ありません。
ただし、終わったら（むしろ途中でもいいので）戻ってきてください。

■ 結論

以下のツールを使うことを推奨します。

● **Ubuntu**
● **pyenv**
　Pythonのバージョン切り替え
　・3.x
　・2.x

ただし、「Pyenv」だけだと同一バージョンで複数のPython環境を管理不可能（パッケージが混在する）

● **pyenv-virtualenv**
　同一バージョンでさらに複数の環境を管理可能（パッケージを個別に管理）

第1章　「TensorFlow」開発環境の構築

■背景

●なんだかんだでアプリケーションごとに「Python環境」が必要

　もともと、「Python2.7」で「OpenCV2.4」を使っていました。ネット上にサンプルが多く、勉強しやすかったためです。

＊

　以下のコマンド一発で「Python2.7」用の「OpenCV」をインストール可能です。

```
sudo apt-get install python-opencv
```

　ただし、以下の欠点があります。

・「apt-get」を利用すると、システムにインストールされる

　なるべく「Ubuntu」のシステムには手を加えたくありません。
　プロジェクトを並行して進めるときなど、他のプロジェクトに影響したりするためです。

・「OCR」(文字認識)など、最新の「OpenCV」の機能が使えない

　「OpenCV」の文字認識モジュール「Tessract」はOpenCV3.0系から搭載されました。
　「Python2」で「OpenCV3.0」系を使いたい場合は、ソースからビルドしなければならないので、かなり面倒です。

[参考]

Install OpenCV 3.0 and Python 2.7+ on Ubuntu
(https://www.pyimagesearch.com/2015/06/22/install-opencv-3-0-and-python-2-7-on-ubuntu/)

　仕事上、「ラズベリーパイ」をよく使うのですが、「ラズベリーパイ」用のOSの「Raspbian」でもビルドし直す必要があります。

[参考]

Installing OpenCV 3.0 for both Python 2.7 and Python 3+ on your Raspberry Pi 2
(https://www.pyimagesearch.com/2015/07/27/installing-opencv-3-0-for-both-python-2-7-and-python-3-on-your-raspberry-pi-2/)

1-EX　ディレクトリ単位の「Python仮想環境」構築

・「Python3」対応したいけど…

　「OpenCV3.0」系を「Python3」用にビルドし直す必要があります。かなり面倒です。

　ちなみに、私はビルドが何度やっても通らず、あきらめました。

[参考]

Install OpenCV 3.0 and Python 3.4+ on Ubuntu
https://www.pyimagesearch.com/2015/07/20/install-opencv-3-0-and-python-3-4-on-ubuntu/

※「pip3 install python-opencv コマンド」でPython3用の「OpenCV」をインストールできますが、機能が大幅に制限された「OpenCV」なので使えません。カメラの映像を「OpenCV」のウィンドウ機能で映せないなど。罠です。

・「pip」に対応していないモジュールがある

　たとえば、GUI開発の「PyQt5」は2017年時点で対応していません。

・「Python3」を入れたけど…

　そもそもまだ「Python3」に対応していないパッケージもあります。

　また、「Python3.5」で動くが、「Python3.6」で動かない場合もあります。

　同様に作ったコードが「TensorFlow0.11」では動くのに、「TensorFlow1.3」では動かない場合もあります。

　以上の理由から、複数の環境を使い分けたくなります。

■目的

　「複数のPython環境」を使い分けられるようにします。

　その上で「pip」を使うよりも多くのモジュールをインストールできるようにします。

第1章 「TensorFlow」開発環境の構築

■ 関連知識、環境構築

「仮想環境構築」のツールは、主に3つあります。

①virtualenv(env)
・Python公式の推奨だが、仮想環境の切り替えにいちいちコマンドを打つので面倒。
・公式なので、これから良くなる可能性が多々ある。

②anaconda
・Windowsではこちらが使いやすそう。
・とにかくパッケージが豊富。
・パッケージインストール時につまずきが少ない。
・というかほとんど最初から入っている。
・そのため容量は大きい。

③pyenv+pyenv-virtualenv
・プロジェクトのディレクトリに入ったときに自動で仮想環境が立ち上がるようにできるので便利。
・anaconda環境もコマンド1つで導入できる。
・非公式。
・「Pythonの思想に合わない」「必要ない」という人もわりといる。

※「virtualenv」と「pyenv-virtualenv」は別物らしい。分かりづらい!

[参考]
> Pythonの仮想環境構築 2017.01版
> http://ymotongpoo.hatenablog.com/entry/2017/01/29/002039

結論、以下の理由から「pyenv+pyenv-virtualenv」を使っています。
・プロジェクトのディレクトリに入ったときに自動で仮想環境が立ち上がるようにできるので便利
・「anaconda」で「OpenCV3」をコマンド一発でインストールできる(「env」ではソースからビルド)

1-EX ディレクトリ単位の「Python仮想環境」構築

[参考]
「pyenv」と「pyenv-virtualenv」で環境構築
https://qiita.com/Kodaira_/items/feadfef9add468e3a85b

さっそくインストールしていきます。

●「pyenv」をインストール

```
$ git clone https://github.com/yyuu/pyenv.git ~/.pyenv
```

そして下記のものを任意のエディタを使い、「~/.bashrc」の最終行に追記します。

```
export PYENV_ROOT=$HOME/.pyenv
export PATH=$PYENV_ROOT/bin:$PATH
eval "$(pyenv init -)"
```

適用します。(次回からはターミナル起動時に自動で上記が実行され、「pyenvコマンド」が使えるようになります)

```
$ source ~/.bashrc
```

以上で、「pyenv」により「Python」の複数のバージョンをインストールできるようになります。
バージョンを確認します。

```
$ pyenv --version
pyenv 1.1.5-28-g4fb078c
```

●「pyenv-virtualenv」をインストール

パッケージを個別管理する仮想環境を構築するためのツールです。

```
$ git clone https://github.com/yyuu/pyenv-virtualenv.git ~/.pyenv/plugins/pyenv-virtualenv
```

そして、「pyenv」と同様に「~/.bashrc」に以下を追記し、「環境変数」の設定をします。

第1章 「TensorFlow」開発環境の構築

```
eval "$(pyenv virtualenv-init -)"
```

■ 使い方

●「Python」の任意のバージョンをインストール

```
$ pyenv install 3.5.0
```

●「Python」のバージョンの切り替え

```
$ python --version #バージョン確認
Python 2.7.12
$ pyenv shell 3.5.0 #Python3.5に切り替え
$ python --version
Python 3.5.0
$ pyenv shell system #システム環境に戻る
$ python --version
Python 2.7.12
```

●「モジュール」のインストール

インストールした「Python」にはデフォルトのモジュールしか入っていないので必要なモジュールをインストールします。

```
$ pip instasll <モジュール名>
```

パッケージを個別管理する仮想環境を構築します。

「pyenv virtualenv [version] <virtualenv-name>」とすることで新しいPython環境を構築できます。

[version]には、「3.5.0」など既存の環境を指定します。

```
$ pyenv virtualenv 3.5.0 py35myenv
```

●「pyenv-virtualenv」の使い方

ここで、新しく作った環境では、「pyenv」で作った環境の中で「pip」などでインストールしたモジュールは使えなくなっています。

1-EX　ディレクトリ単位の「Python仮想環境」構築

　[version]で使ってたものを使いたければ、「--system-site-package」というオプションをつけます。
　そうすると、「pyenv」で構築した環境に元環境のパスを通すことができます。

　下記の例は、「--system-site-packages」をつけて、「~/.pyenv/versions/3.5.0/lib/python3.5/site-packages」をパスに加えています。

```
$ pyenv virtualenv --system-site-packages 3.5.0 py35myenv_py35path
```

　しかし、「--system-site-packages」は、既存の環境にパスを通すだけなので、環境を完全に分離したとは言えません。

　完全に分離しつつ、同じモジュールを使いたいのであれば、「pip」でインストールし直すのがいいです。

＊

　下記のコマンドで、元の環境のモジュールを一括でインストールできます。

　コピー元の環境で、
```
$ pip freeze > pip_list.txt
```

　他の環境に切り替え後に、
```
$ pip install -r pip_list.txt
```

●作成した仮想環境の切り替え

```
$ python --version
Python 2.7.12
$ pyenv versions  #作成した仮想環境が一覧で表示される
* system (set by /home/username/.pyenv/version)
  3.5.0
  3.5.0/envs/py35myenv_py35path
```

```
  py35myenv
  py35myenv_py35path
$ pyenv shell py35myenv
(py35myenv)$ python --version
Python 3.5.0
(py35myenv)$ pyenv shell system
$ python --version
Python 2.7.12
```

　ここで「shell」の代わりに「local」を使うと、現在のディレクトリに環境がひも付きます。
　そのディレクトリに移動すると、自動的にその環境に入ることができます。

```
~$ mkdir test
~$ cd test
~/test$ pyenv local py35myenv
(py35myenv)~/test$ cd ..   # 仮想環境に入っている
~$ cd ..
~$ # 仮想環境から抜けている
```

　そしてディレクトリに入り直すと、

```
~$ cd test
(py35myenv)~/test$  # 仮想環境に自動で入っている
```

● 「anaconda」を「pyenv-virtualenv」で簡単にインストール

　ときどき、「pip」でインストールできないモジュールがあります。
　そういう場合は、「anaconda」を利用するとインストールできることがあります。
　たとえば、画像処理のライブラリ「OpenCV」(機能が制限されていないもの)などがそうです。
　「pyenv」では「Python」のバージョン番号の代わりに「anaconda」のバージョンを指定することで、「anaconda環境」をインストールできます。

1-EX　ディレクトリ単位の「Python仮想環境」構築

```
pyenv install anaconda3-2.5.0
```

「anaconda3-2.5.0」は、デフォルトで「Python3.5.1」が入っています。

```
$ python -V
Python 3.5.1
```

「pip list」を実行すると、すでにいろいろなパッケージがインストールされていることが分かります。

「conda list」を実行してもパッケージを確認できます。

● 「anaconda」を使ってパッケージをインストール

```
conda install <モジュール名>
```

「anaconda」で提供されていないパッケージについても「anaconda cloud」に誰かがアップしていることがあります。

たとえば現在、「OpenCV3」は提供されていませんが、以下のコマンドでインストールできます。

```
conda install -c https://conda.anaconda.org/menpo opencv3
```

インストールできているか確認します。

```
~$ python
Python 3.5.1 |Anaconda 2.5.0 (64-bit)| (default, Dec  7 2015, 11:16:01)
[GCC 4.4.7 20120313 (Red Hat 4.4.7-1)] on linux
Type "help", "copyright", "credits" or "license" for more information.
>>> import cv2
>>> cv2.__version__
'3.1.0'
>>>quit()
```

第1章 「TensorFlow」開発環境の構築

「anaconda」で提供されているモジュールを探すには、「search」を使います。

```
$ conda search <モジュール名>
```

「anaconda cloud」のモジュールを探すには、

```
$ anaconda search -t conda <モジュール名>
```

「仮想環境」の削除は、

```
$ pyenv uninstall <仮想環境名>
```

「anaconda」が用意しているパッケージはたくさんあります。

そんなにパッケージが必要なく、必要なものを必要なだけインストールしたいという方には「miniconda」をお勧めします。

「pyenv」でインストールできる「仮想環境」を確認します。

```
$ pyenv install --list
```

リストの中に「miniconda-3.4.2」があると思います。

```
$ pyenv install miniconda-3.4.2
$ pyenv shell miniconda-3.4.2
```

「Python」のバージョンが「3.6」以上になっている場合は、下記コマンドで「3.5」をインストールし直しましょう。
「OpenCV」が「3.6」に対応していないからです。

もちろん執筆後に対応するかもしれないので、そのときの状況に応じて環境を構築しましょう。

```
$ conda create python=3.5.2
```

第2章

「TensorFlow」のコードを通して学ぶ「深層学習」の原理

この章の目的は「TensorFlow」の具体的なコードを書きながら、「深層学習」の原理について納得することです。
理論を浅く理解し、「深層学習」がなぜ有用なのか納得感を得ることで、「深層学習システム」の構築へとスムーズに入っていけるようにします。
誰だって、まったくわけの分からないものを使いたくはないでしょう。

では、「ニューラル・ネットワーク」と「深層学習」の背景から始めましょう。

第2章 「TensorFlow」のコードを通して学ぶ「深層学習」の原理

2-1 背景

　「ニューラル・ネットワーク」と深層学習は、現時点において、「画像認識」「音声認識」「自然言語処理」などの分野の問題に対して、もっとも優れた解決策を与える手法です。

　たとえば、「画像認識」に注目すると、従来の画像認識技術に、認識したいものの特徴を人が見つけ、プログラムに記述する手法があります。

　しかし、この手法には以下の問題点もあります。
①画像認識に有効な画像の特徴を人が見つけなければならない。
②各特徴を認識するためのアルゴリズムを個別に開発しなければならない。
③画像認識の試験のための、大量のデータセットの用意が必要である。

　近年、このような問題を解決するために、人間の脳の仕組みを模倣した人工知能、「ニューラル・ネットワーク」と「深層学習」の技術の研究が盛んに行なわれています。

＊

　ここで「ニューラル・ネットワーク」の利点と欠点を以下に示します。

■利点
①あらゆる関数を近似できる。

■欠点
①**大量の処理が必要**
　CPUのみだと明らかに速度が足りない。
②**開発には特別な知識が必要**
　多次元行列(テンソル)の表現と計算についての深い知識が必要である。画像処理、音響処理などになると、その分野の専門知識が必要である。
③**機械学習分野の専門学者の経験則によって採用されるアルゴリズムが多い**

2-1 背景

> 長年の研究の結果によって採用されたアルゴリズム(コスト関数など)が多い。
> これからもそのような新しいアルゴリズムが開発されると予想される。解決したい問題ごとに適したモデルがあるが、中には「何故かはわからないけど、うまくいった」モデルもあるようなので、新しくかつ複雑なモデル設計は手探りでしなければならない、という側面がある。

　各企業が人工知能の開発競争に加わっている中、Google社が自社開発した人工知能である、「機械学習システム」を簡単に構築できる機能をもつ計算処理ライブラリ「TensorFlow」を商用利用も可能なフリーライセンスである「Apache 2.0」でオープンソース化しました。

　このフリーライセンスにより、「TensorFlow」利用者にとって、以下の利点が考えられます。
①機械学習システム導入のコストを抑えられる。
②全世界で便利なライブラリの開発が盛んに行なわれ、利用できる。
③参考文献、知識の共有が盛んに行なわれ、「TensorFlow」を利用した、機械学習を学ぶための環境が整えられる。

＊

「TensorFlow」の利点と欠点を以下に述べます。

■ 利点

①モデル設計が簡単でコード記述も簡潔に書ける。
②商用フリーのライセンスであるため、機械学習システム導入のコストを抑えられる。
③学習しやすい。
④導入しやすい。

■ 欠点

①ほとんどの処理がブラックボックスである。
　関数の処理フローが明確でない。
　エラーを動作原理まで遡って特定することができない。

第2章 「TensorFlow」のコードを通して学ぶ「深層学習」の原理

2-2 「ニューラル・ネットワーク」の原理の入門の入門

ここでは、以下のことを目的とします。
・「ニューラル・ネットワーク」の原理の基本中の基本を知る
・「ニューラル・ネットワーク」を専門外の方にも簡潔に説明できるようにする

■「ニューラル・ネットワーク」は人間の脳を真似ている

まず、「ニューラル・ネットワーク」は人間の脳を模倣したものです。
人間の脳の中には、「ニューロン」という神経細胞が千数百億個あり、各「ニューロン」が「シナプス」と呼ばれる接合部位によってつながっています。
「ニューロン」は入力される電気信号の閾値がある一定の量を超えると発火し、「シナプス」によって次の「ニューロン」に電気信号を出力します。

この動作の連続により、脳は信号の伝達を行なっています。

このニューロンを模倣した「人工ニューロン」のモデルを図に示します。

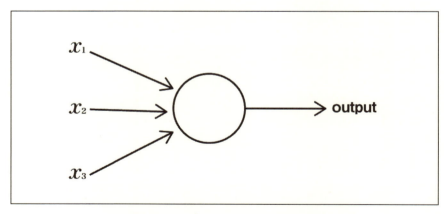

図2-2.fig1　「人工ニューロン」のモデル

2-2 「ニューラル・ネットワーク」の原理の入門の入門

　「あなたが週末、野外コンサートに行くかどうか(1か0か)」という問題を「ニューラル・ネットワーク」で表現してみましょう。

　ここで、あなたの判断に影響を及ぼす要因は3つあるとします。

①天気が良いか？
②あなたの友人たちも一緒に行きたがっているか？
③コンサート会場は駅から近いか？

　これら3つの要因を「1」か「0」で表現します。

　たとえば、天気が良いなら「1」、天気が悪ければ「0」になります。
　同じく、友人たちが行きたがっているなら「1」、そうでないなら「0」です。③も同様で、コンサート会場が駅から近ければ「1」、そうでないなら「0」とします。

＊

　次に、これら要因の「重要度」を「重み」として決めます。

　あなたは音楽が好きで、駅から遠かろうが友達がなんと言おうが、喜んでコンサートに行くつもりだとします。
　一方、あなたは雨が大の苦手で、天気が悪かったら絶対に行くつもりがないとします。

　人工ニューロンは、このような意思決定を表現できます。一つの方法は以下のような方法です。

①の重み：6
②の重み：2
③の重み：2

　そして、閾値を「5」とします。

　以上のパラメータ設定によって、あなたの「意思決定モデル」を実装できました。

第2章 「TensorFlow」のコードを通して学ぶ「深層学習」の原理

もう一度、「パーセプトロン」のモデルを示すと…

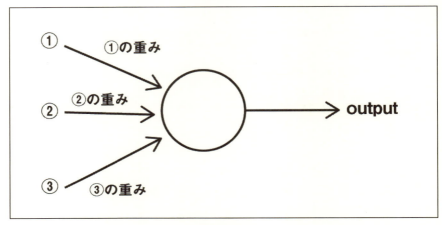

図2-2.fig2

このモデルは、

| ①×(①の重み)＋②×(②の重み)＋③×(③の重み) ＞ 5 ならば、「1」を出力する。 |

ということです。

この「パーセプトロン」は天気が良ければ必ず「1」を出力し、天気が悪ければ必ず「0」を出力します。
あなたの友人たちの意思や、駅からの距離によって結論が変わることはありません。

＊

「重み」と「閾値」を変化させることで、異なった「意思決定モデル」を得ることができます。

たとえば、「閾値」を「5」から「3」に変えます。
すると、「コンサートに行くべき」と判断する条件は「天気が良い」または「会場が駅から近く、かつあなたの友人たちが一緒に行きたがっている」となります。

2-2 「ニューラル・ネットワーク」の原理の入門の入門

　閾値を下げたため、あなたは「より」コンサートに行きたがっていることになりました。

＊

　このように、「人工ニューロン」は異なる種類の情報を考慮し、「重み」をつけた上で判断を下す能力があります。
　となれば、「人工ニューロン」を複雑に組み合わせたネットワークなら、かなり微妙な判断も扱えそうであると分かります。

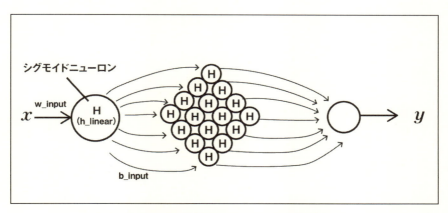

図2-2.fig3　複雑に「人工ニューロン」を組み合わせる

2-3 「ニューラル・ネットワーク」の原理

より実用的な「人工ニューロン」に、「**シグモイド・ニューロン**」と呼ばれるものがあります。
　モデルでは「パーセプトロン」と同じように描くことが多いです。
　ここでも、同じように描くことにします

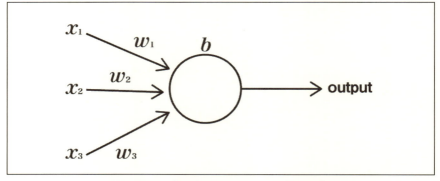

図2-3.fig1　「シグモイド・ニューロン」のモデル

「TensorFlow」のコードでは、たとえば以下のように表わされます。
```
tf.sigmoid(tf.add(w_input*x_data, b_input))
```

「シグモイド・ニューロン」は、それぞれの入力に対して、「**重み**」(w１,w２,…)をもち、またニューロン全体に対する「**バイアス**」と呼ばれる値(b)をもっています。

$$\sigma(w \bullet x + b)$$

という値をとります。

　上のモデルでは、

$$\sigma(w1 * x1 + w2 * x2 + w3 * x3 + b)$$

となります。

2-3 「ニューラル・ネットワーク」の原理

「σ」は、「シグモイド関数」と呼ばれており、次の式で定義されます。

$$\sigma(z) \equiv \frac{1}{1+e^{-z}}$$

「σ」のグラフを次の図に示します。

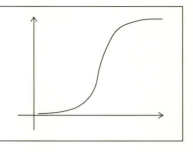

図2-3.fig2　シグモイド・ニューロン

これにより、「シグモイド・ニューロン」の出力は「0〜1」の間の数値をとります。

この「人工ニューロン」を無数に組み合わせることにより、「ニューラル・ネットワーク」を形成します。

「ニューラル・ネットワーク」のモデルを図に示します。

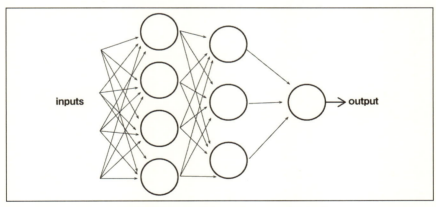

図2-3.fig3　「ニューラル・ネットワーク」のモデル

最後の出力も「0」から「1」の間の値をとるため、ルールを設定する必要があります。

たとえば、「入力画像が9」もしくは「入力画像が9でない」と示したいときには、「0.5」より大きな出力は「9」とみなし、「0.5」以下の出力は「9でない」とみなす方法などです。

第2章　「TensorFlow」のコードを通して学ぶ「深層学習」の原理

次に、「ニューラル・ネットワーク」と「深層学習」をより深く理解するために、「ニューラル・ネットワーク」のそれぞれの部分の名前を説明します。

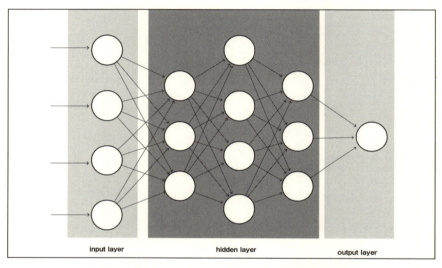

図2-3.fig4　「ニューラル・ネットワーク」名部分の名前

いちばん左の層は「**入力層**」(input layer)と呼ばれ、その中のニューロンを「**入力ニューロン**」(input neurons)と言います。

いちばん右の層または「出力層」(output layer)は、「**出力ニューロン**」(output neurons)から構成されています。

中央の層は入力でも出力でもないことから、「**隠れ層**」(hidden layer)と呼ばれます。

> ※この"隠れ"という用語は、何か数学的な、または哲学的な意味があるのだと誤解されがちですが、ただ単に「入出力以外」ということを意味しているにすぎないので、注意が必要です。
>
> 　図の「ニューラル・ネットワーク」は2つの「隠れ層」をもっていますが、1つの「隠れ層」しかもたない「ニューラル・ネットワーク」や、より多くの「隠れ層」をもった「ニューラル・ネットワーク」も存在します。

2-4　「ニューラル・ネットワーク」はどう学習するか

　次に、「ニューラル・ネットワーク」がどのように学習するのかを説明します。

　学習には「教師あり」学習と「教師なし」学習の2種類がありますが、ここでは、「教師あり学習」について説明します。

*

　「教師あり学習」において、最初に必要になるものは学習するための「トレーニング・データセット」です。
　たとえば、「手書き数字認識」のデータセットとしてよく使われるのが、「MNISTデータセット」です。
　「MNISTデータセット」は、数万件の「手書き数字スキャン画像」と、その正しい分類がなされているデータセットです。

　最終的に私たちが目指すのは、「全入力x」について、ネットワークの出力が「MNISTのy(x)」になるべく近くなるような「重み」と「バイアス」を見つけるアルゴリズムを構築することです。

　この目標をどれだけ達成できたか測るために、「コスト関数」を定義します。
　「コスト関数」とは、「損失関数」または「目的関数」とも呼ばれます。
　それから「コスト関数」の「最小値」を求めます。
　結果、たとえば「最小二乗法」では、それが「0」に近くなれば、目標を達成できたといえます。

　「深層学習」でよく使われる「コスト関数」を用いる手法には、以下のものがあります。

・最小二乗法

$$C(w,b) \equiv \left(\frac{1}{2n}\right) \sum x \| y(x) - a \|^2$$

第2章 「TensorFlow」のコードを通して学ぶ「深層学習」の原理

「TensorFlow」では以下のように表現します。

```
loss = tf.reduce_mean(tf.square(y_data - y))
```

・クロス・エントロピー

「TensorFlow」では、以下のように表現します。

```
cross_entropy = -tf.reduce_sum(y_*tf.log(y))
```

「コスト関数」の最小値を求めるための手法には、以下のものがあります。これらを「最適化アルゴリズム」と呼びます。

・最急降下法
・確率的勾配急下法(「最急降下法」を改良したもの)

「最急降下法」や「勾配急下法」は、「関数の傾き」のみから、「関数の最小値」を探索する「最適化問題」の「勾配法」のアルゴリズムです。

「TensorFlow」では、たとえば以下のように表現します。

```
train_step = tf.train.GradientDescentOptimizer(0.01).minimize(cross
_entropy)
```

このような関数を使って、**図2-3.fig4**のような「ニューラル・ネットワーク」を設計し、学習を行なえるのが「TensorFlow」というわけです。

「TensorFlow」は「ニューラル・ネットワーク」を設計するのに、「高次元の行列=テンソル」を使って表現します。
それらの「テンソル」を組み合わせて「計算処理の流れ」、すなわち「フロー」を記述することから「TensorFlow」と言います。

「テンソル」を組み合わせるのに「四則演算」やその他複雑な処理の関数が用意されています。
ここで注意しておきたいのが、「TensorFlow」はあくまで「計算処理ライブラリ」であり、「ニューラル・ネットワーク」の設計や機械学習の実装は、「TensorFlow」の数ある応用の中の1つにすぎないということです。

2-5 「ニューラル・ネットワーク」は「任意の関数」を表現できる

「ニューラル・ネットワーク」に関して最も衝撃的な事実の1つは、「任意の関数を表現できる」ことです。

まずは、「1次関数」を「TensorFlow」で作ってみましょう。

[2-5-1]「1次関数」の近似を「TensorFlow」で！

「入力」は「x」1個、「出力」は「y」1個、「隠れ層」として「人工ニューロン」1個の非常に簡単な「ニューラル・ネットワーク」のモデルです。

*

「y = 0.1*x + 0.3」上のランダムに選ばれた点100個のデータセットを学習させることで、「傾き」と「切片」（0.1と0.3）を学習します。

これにより、「TensorFlow」を使うと100個のデータセットからそれがどの「1次関数」なのか推測できることを示します。

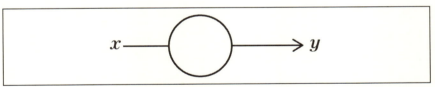

図2-5-1.fig1　学習によって1次関数を求めるための「ニューラル・ネットワーク」

● プログラムの実行

さっそくプログラムを動かしてみましょう。

「User」ディレクトリに「TensorFlowExercises」というフォルダを作成します。

第2章 「TensorFlow」のコードを通して学ぶ「深層学習」の原理

以下のコマンドを順番に実行します。

```
$ cd ~/
$ mkdir TensorFlowExercises
$ cd TensorFlowExercises
$ touch linear_function.py
```

「linear_function.py」を好きなエディタで開き、編集します。
下記コードを入力し、保存します。
下記URLからコピーアンドペーストで貼り付けてもいいです。

https://github.com/jintaka1989/TensorFlowTutorialForBook/blob/v100/251_tutorial.py

●251_tutorial.py

```python
import tensorflow as tf
import numpy as np
import time

start = time.time()

x_data = np.random.rand(100).astype("float32")
y_data = 0.1 * x_data + 0.3

W = tf.Variable(tf.random_uniform([1], -1.0, 1.0))
b = tf.Variable(tf.zeros([1]))
y = W * x_data + b

loss = tf.reduce_mean(tf.square(y_data - y))
optimizer = tf.train.GradientDescentOptimizer(0.5)
train = optimizer.minimize(loss)

init = tf.initialize_all_variables()
```

2-5 「ニューラル・ネットワーク」は「任意の関数」を表現できる

```python
sess = tf.Session()
sess.run(init)


for step in xrange(1001):
    sess.run(train)
    if step % 100 == 0:
        print step, sess.run(W), sess.run(b)

for i in xrange(100):
    print i, sess.run(W) * i + sess.run(b)

sess.close()


timer = time.time() - start
print ("time:{0}".format(timer)) + "[sec]"
```

その後、以下のコマンドでプログラムを実行します。

```
$ python 001_linear_function.py
```

図2-5-1.fig2、3に「実行結果」を示します。

まず、ステップ100ごとに「W」と「b」を出力し、学習の経過を見ることができます。

その後、学習した「ニューラル・ネットワーク」に、「x」を「0」から「99」まで入力し、計算結果を出力しています。

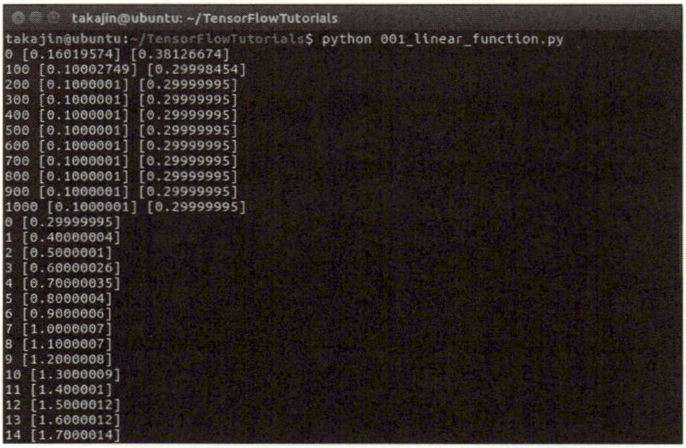

第2章 「TensorFlow」のコードを通して学ぶ「深層学習」の原理

図2-5-1.fig2　1次関数の近似プログラム　実行結果①

図2-5-1.fig3　1次関数の近似プログラム　実行結果②

＊

次にプログラムの内容の説明をします。

● **プログラムの内容の説明**

本書は基本的に、

コード
コードの説明

という順番で説明していきます。

2-5 「ニューラル・ネットワーク」は「任意の関数」を表現できる

[プログラム解説]
《import文》

```
import tensorflow as tf
import numpy as np
import time
```

「Python」は、

```
import モジュール名
```

とすることで、インストールずみのライブラリが使えるようになります。
・1行目で「TensorFlow」
・2行目で数値計算ライブラリ「Numpy」
・3行目で時刻データアクセス用の標準ライブラリ「time」
をインポートしています。
　「as np」などとすることで、「np.random.rand(100).astype("float32")」
のように、関数を呼び出す際に「ライブラリ名」を省略できます。

《スタートの時刻を保存》

```
start = time.time()
```

「処理時間の計測」をするため、「スタートの時刻」を保存します。

《データセット》

```
x_data = np.random.rand(100).astype("float32")
y_data = 0.1 * x_data + 0.3
```

　「Numpy」の「random.rand()関数」により、変数「x」をランダムに「100個」用意します。

　そして、

```
y=0.1*x+0.3
```

の式に従って、「x」に対応した「y」を「100個」用意します。
　これが、今回「ニューラル・ネットワーク」に学ばせる「データセット」です。

第2章 「TensorFlow」のコードを通して学ぶ「深層学習」の原理

それから、今回用意したい「ニューラル・ネットワーク」を、図に示します。

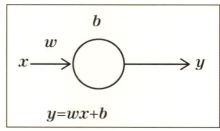

図2-5-1.fig4
「ニューラル・ネットワーク」モデルと式

「Wx+b」という式を「ニューラル・ネットワーク」で表現し、「TensorFlow」で定義します。

その後、「データセット」で学習を行ない、「W」を「0.1」に、「b」を「0.3」に近似できれば、成功です。

《「W」の「初期値」を定義》

```
W = tf.Variable(tf.random_uniform([1], -1.0, 1.0))
```

「W」の「初期値」を定義します。

この行は「W」を「-1.0」から「1.0」の間でランダムに[1]個定義することを意味します。

この「初期値」は、正解の式に予想がついているならば、今回のように範囲を限定したほうがいいのですが、完全なランダム値であっても任意の値であっても動作します。

ただし、「初期値」が「求めたい値」と離れるほど学習にかかる時間は長くなります。

《「b」の初期値を定義》

```
b = tf.Variable(tf.zeros([1]))
```

「b」の初期値を定義します。

2-5 「ニューラル・ネットワーク」は「任意の関数」を表現できる

この行は「b」を初期値「0」で[1]個定義することを意味します。
この初期値も、「W」と同様に、ランダムな値でもいいです。

《「W」と「b」を用いて、式を定義》
```
y = W * x_data + b
```
定義した「W」と「b」を用いて、式を定義します。

今回は「x_data」という「100個」の「データセット」を使うことが決まっているので、そのまま「x」に代入します。

＊

注意したいのが、この「x_data」は「100個の数値」をもつ「行列」であるということです。
「Numpy」によって定義された行列は、まるで「スカラーの計算式」のように「足し算」や「引き算」ができます。

つまり「y」の中身は、
```
y=[
W * x_data[0] + b,
W * x_data[1] + b,
W * x_data[2] + b,
…
W * x_data[99] + b
]
```
となります。

《近似》
```
loss = tf.reduce_mean(tf.square(y_data - y))
```
ここでは、「最小二乗法」に従って、「近似」を行なうことが示されています。

第2章 「TensorFlow」のコードを通して学ぶ「深層学習」の原理

これは、

$$loss(誤差関数) = \left(\frac{1}{2n}\right) \sum x \| y(x) - a \|^2$$

をコードに起こしたものです。

＊

`tf.square(y_data - y)`

が「y_data」(正解データセット) と「y」(「ニューラル・ネットワーク」の出力)差の二乗を示しています。

＊

`tf.reduce_mean()`

が引数の「行列の平均」を計算する関数です。

　「最小二乗法」は近似によく使われる手法であり、定型文みたいなものなので、

`loss = tf.reduce_mean(tf.square(y_data - y))`

これで「最小二乗法」と覚えてしまいましょう。

《最急降下法》

`optimizer = tf.train.GradientDescentOptimizer(0.5)`

この行で学習の方法を「最急降下法」と設定します。

　「0.5」は「学習率」のことで、この値が小さいほど細かく近似し、精度が上がる可能性がありますが、代わりに学習時間がかかります。

　この値が大きいほど学習時間が短くなりますが、大きくしすぎると「発散」(答が出ない)して学習に失敗してしまうことがあります。

《「loss」の最小を探す》

`train = optimizer.minimize(loss)`

この行で「loss」の最小を探すこととします。

2-5 「ニューラル・ネットワーク」は「任意の関数」を表現できる

《「セッション」と「初期化」の定義》
```
init = tf.initialize_all_variables()
sess = tf.Session()
sess.run(init)
```
1行目でこれまでのコードに従って、「W」と「b」を「初期化」するという命令を定義しておきます。

2行目で「TensorFlow」の「セッション」と呼ばれるものを定義します。
3行目で「初期化」を実行します。

この辺りは、今は「TensorFlow」を実行する呪文のようなものとしておきましょう。

《「学習処理」を実行》
```
for step in xrange(1001):
    sess.run(train)
    if step % 100 == 0:
        print step, sess.run(W), sess.run(b)
```
ここではいよいよ、先ほどまで定義した「学習処理」を実行しています。

*
```
for step in xrange(1001):
```
このブロック内を1001回繰り返し処理します。

*
```
    sess.run(train)
```
「train」【= optimizer.minimize(loss)】を1001回繰り返します。

*
```
    if step % 100 == 0:
        print step, sess.run(W), sess.run(b)
```
100回ごとに「W」と「b」がどうなっているか途中経過を表示します。

《回答の確認》
```
for i in xrange(100):
    print i, sess.run(W) * i + sess.run(b)
```

第2章 「TensorFlow」のコードを通して学ぶ「深層学習」の原理

　求まった「W」と「b」を用いて、「1」から「100」までの数字を代入し、「ニューラル・ネットワーク」が算出した回答が合っているかどうか確かめます。

《セッションを閉じる》
```
sess.close()
```
　「TensorFlow」のセッションを閉じます。

《終了までの時間を出力》
```
timer = time.time() - start
print ("time:{0}".format(timer)) + "[sec]"
```
　「プログラム終了」までの「時間」を出力します。

＊

　結果は、以下のようになります。

```
0 [ 0.78863811] [-0.12438463]
10 [ 0.47889444] [ 0.09346852]
20 [ 0.30288509] [ 0.19188081]
30 [ 0.20865707] [ 0.24456649]
...
970 [ 0.10008837] [ 0.30527049]
980 [ 0.10008837] [ 0.30527049]
990 [ 0.10008837] [ 0.30527049]
1000 [ 0.10008837] [ 0.30527049]
time:1.06479406357[sec]
```

　だんだんと数値が「W->0.1」と「b->0.3」に近似されていくのが分かると思います。

＊

　次に、「n次」の関数を「ニューラル・ネットワーク」で近似します。

2-5 「ニューラル・ネットワーク」は「任意の関数」を表現できる

【2-5-2】「n次」の関数を「ニューラル・ネットワーク」で近似する

「n次の関数」を近似します。
そのとき、結果をグラフで見たいと思います。

*

以下のコマンドで「matplotlib」という「グラフ表示」を手助けしてくれるツールをインストールしましょう。

```
sudo apt-get install python-matplotlib
```

*

まず、全体のコードを示します。

https://github.com/jintaka1989/TensorFlowTutorialForBook/blob/v100/252_tutorial.py

●**252_tutorial.py**

```python
# -*- coding: utf-8 -*-
# 4次関数の近似を行なう
# ただし、5次以上の関数についても近似できるように
# 一般化してコードを書く
# あくまで「n次関数を近似する」としてn次関数専用のモデルを作成している
# 4次関数なら4次関数、5次関数なら5次関数を
# NFD = 4
# の値を変更することで近似する

import tensorflow as tf
import numpy as np
import time
import random
import math
import matplotlib.pyplot as plt

start = time.time()
AC=100
# number of the function s dimention
```

```
NFD = 4
#1+number of the function s dimention
NN=NFD+1
# number of W
WN=NN

a = np.arange(1,WN+1,1)
a = 0.1 * a

x_data = np.random.rand(AC,1,1).astype("float32")
y_data = np.zeros((AC,1,1)).astype("float32")
npow = 1

for i in xrange(WN):
    y_data += a[i] * npow
    npow *= x_data

W = tf.Variable(tf.random_uniform([WN], -1.0, 1.0))
y = 0
npow = 1


for i in xrange(WN):
    y += W[i] * npow
    npow *= x_data

loss = tf.reduce_mean(tf.square(y_data - y))
optimizer = tf.train.GradientDescentOptimizer(0.5)
train = optimizer.minimize(loss)

init = tf.initialize_all_variables()
```

2-5 「ニューラル・ネットワーク」は「任意の関数」を表現できる

```
sess = tf.Session()
sess.run(init)

for step in xrange(1000*pow(2,NN+2)):
    sess.run(train)
    if step % (10*pow(2,NN)) == 0:
        print "training...", sess.run(W)

plot_x = []
plot_y = []

for i in xrange(100):
    result = 0
    npow = 1
    xx = i-50
    for j in xrange(WN):
        result += W[j] * npow
        npow *= xx
    plot_x.append(xx)
    plot_y.append(sess.run(result))
    # print i, sess.run(result)

x_correct = []
y_correct = []

for i in xrange(100):
    result = 0
    npow = 1
    xx = i-50
    for j in xrange(NN):
        result += a[j] * npow
        npow *= xx
```

51

```
        x_correct.append(xx)
        y_correct.append(result)
        # print i, result

plt.plot(x_correct, y_correct)
plt.scatter(plot_x, plot_y)

plt.show()

sess.close()

timer = time.time() - start

print ("time:{0}".format(timer)) + "[sec]"
```

[プログラム解説]
《ライブラリをimport》

```
import tensorflow as tf
import numpy as np
import time
import random
import math
import matplotlib.pyplot as plt
```

　必要なライブラリを「import」します。

《近似》
```
AC=100
# number of the function s dimention
NFD = 4
#1+number of the function s dimention
NN=NFD+1
# number of W
```

2-5 「ニューラル・ネットワーク」は「任意の関数」を表現できる

```
WN=NN
```
　100個のデータセット（AC=100）で「4次」の関数（NFD=4）を近似します。

《データセット》
```
a = np.arange(1,WN+1,1)
a = 0.1 * a

x_data = np.random.rand(AC,1,1).astype("float32")
y_data = np.zeros((AC,1,1)).astype("float32")
```
　データセットを用意します。
　「a=…」で「n次関数」の「係数」を決めます。
　「a[0]〜a[4]」に「0.1〜0.5」までの定数が入ります。

　近似したい式は、

| y = 0.5*x^4 + 0.4*x^3 + 0.3*x^2 + 0.2*x^1 + 0.1 |

になります。

　「x_data」をランダムに100個、「y_data」を「0」で100個用意します。
　先ほどと引数を変えています。
　　　　　　　　　　　　　＊
```
x_data = np.random.rand(AC,1,1).astype("float32")
```
　ここでは100個のデータセットを3次の行列「100*1*1」の行列として定義しています。
　「100*100*100」であれば、立方体のようになります。

第2章 「TensorFlow」のコードを通して学ぶ「深層学習」の原理

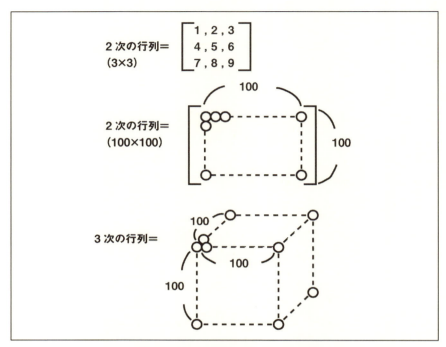

図2-5-2.fig1　3次の行列のイメージ

＊

　今回は特に意味がありませんが、後々のプログラムで使います。
　強いて言えば、3次元の行列に慣れておくために、今はこのように記述しておきましょう。

《正解データを作る》
```
npow = 1

for i in xrange(WN):
    y_data += a[i] * npow
    npow *= x_data
```
「x_data」を元に、
```
y = 0.5*x^4 + 0.4*x^3 + 0.3*x^2 + 0.2*x^1 + 0.1
```
へ代入し、正解データである「y_data」を作ります。

2-5 「ニューラル・ネットワーク」は「任意の関数」を表現できる

《「ニューラル・ネットワーク」を定義》

```
W = tf.Variable(tf.random_uniform([WN], -1.0, 1.0))
y = 0
npow = 1


for i in xrange(WN):
    y += W[i] * npow
    npow *= x_data
```

「ニューラル・ネットワーク」を定義します。

今回は「-1.0」から「1.0」の範囲で係数のぶんの5個、を用意します。

次の図のような「ニューラル・ネットワーク」になります。

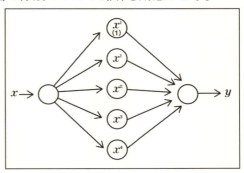

図2-5-2.fig2
「4次式」を近似する「ニューラル・ネットワーク」モデル

《学習の仕方を定義》

```
loss = tf.reduce_mean(tf.square(y_data - y))
optimizer = tf.train.GradientDescentOptimizer(0.5)
train = optimizer.minimize(loss)
```

[2-5-1] と同様に、学習の仕方を定義します。

《セッションの定義と初期化》

```
init = tf.initialize_all_variables()
sess = tf.Session()
sess.run(init)
```

「セッションの定義」と「初期化」をします。

第2章 「TensorFlow」のコードを通して学ぶ「深層学習」の原理

《学習を実行》
```
for step in xrange(1000*pow(2,NN+2)):
    sess.run(train)
    if step % (10*pow(2,NN)) == 0:
        print "training...", sess.run(W)
```
「学習」を実行します。

「NN」の値が大きいほど学習に回数が必要となるので、「NN」の値によって「学習回数」を増やすようにしています。下記の部分です。

```
1000*pow(2,NN+2)
```

*

「学習」が終わった後、「グラフ」で結果を確かめます。

目標は、①「ニューラル・ネットワーク」で近似した「4次関数」を「散布図」で描画することと、②元の「4次関数」、つまり正解のグラフを「線グラフ」で描画することです。

両者を比較し、近似できていることを確かめます。

《「x」と「y」を用意》
```
plot_x = []
plot_y = []

for i in xrange(100):
    result = 0
    npow = 1
    xx = i-50
    for j in xrange(WN):
        result += W[j] * npow
        npow *= xx
    plot_x.append(xx)
    plot_y.append(sess.run(result))
    # print i, sess.run(result)
```

2-5 「ニューラル・ネットワーク」は「任意の関数」を表現できる

「-50」から「50」までの範囲の「x」を用意し、「ニューラル・ネットワーク」で近似した「4次関数」に従って「y」を用意します。

《「x」と「y」を用意》

```
x_correct = []
y_correct = []

for i in xrange(100):
    result = 0
    npow = 1
    xx = i-50
    for j in xrange(NN):
        result += a[j] * npow
        npow *= xx
    x_correct.append(xx)
    y_correct.append(result)
    # print i, result
```

「-50」から「50」までの範囲の「x」を用意し、「正解のグラフ」の「y」を用意します。

《「セッション」を閉じ、「処理時間」を出力》

```
plt.scatter(plot_x, plot_y) #散布図の定義
plt.plot(x_correct, y_correct) #折れ線グラフの定義

plt.show() #グラフをウインドウに表示
```
```
matplotlibを使って、グラフを描画します。
```
```
sess.close()
```

第2章 「TensorFlow」のコードを通して学ぶ「深層学習」の原理

```
timer = time.time() - start

print ("time:{0}".format(timer)) + "[sec]"
```

「TensorFlow」の「セッション」を閉じ、「処理時間」を出力します。

＊

「グラフ」は次の図のようになるはずです。

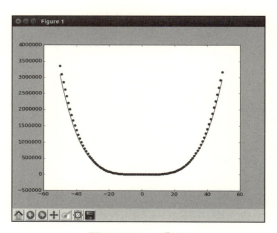

図2-5-2.fig3　グラフ

他の次数でも近似できることを確かめてください。

```
# number of the function s dimention
NFD = 4
```

↓

```
# number of the function s dimention
NFD = 5 #または3など
```

「次数」を大きくするたびに「学習回数」を(指数関数的に)増やすようにしているので、「大きい次数」になるととても時間がかかります。

＊

「近似の途中でもいいから早く結果が見たい場合」は、たとえば次のように変更して学習回数を減らしましょう。

2-5 「ニューラル・ネットワーク」は「任意の関数」を表現できる

　例では「10001回」学習し、「1000回」ごとに途中経過を見るように変更しています。

```
for step in xrange(1000*pow(2,NN+2)):
    sess.run(train)
    if step % (10*pow(2,NN)) == 0:
        print "training...", sess.run(W)
```
↓
```
for step in xrange(10001):
    sess.run(train)
    if step % (1000) == 0:
        print "training...", sess.run(W)
```

＊

　いかがでしたでしょうか。「機械学習」が簡単に「関数」を近似できることが分かってもらえたと思います。

＊

　しかし、実はここまでのプログラムは目的の関数が「3次」や「4次」だと分かっているときにしか使えません。

＊

　「n次」の関数を「ニューラル・ネットワーク」で近似すると謳いながら、実は次数に合わせて「ニューラル・ネットワーク」を組み替えていました。これは「TensorFlow」の勉強という意味では有用ですが、実用的ではありません。

　「深層学習」の本当の威力は、より汎用的な複数の問題に対応できる「一つの」「ニューラル・ネットワーク」を構築できることにあります。
　この章では最終的に、目的の関数が「1次関数」でも「二次関数」でも「n次関数」でも近似できる一つの「ニューラル・ネットワーク」を構築します。

　その準備をしましょう。

第2章 「TensorFlow」のコードを通して学ぶ「深層学習」の原理

[2-5-3]「線形の関数」を「シグモイド」で曲げる

　下記コードをコピー&ペーストし、実行してみてください（後のページにコード全文載せています。）

　学習に少々時間がかかりますが、最後に図のようなグラフが表示されれば成功です。

https://github.com/jintaka1989/TensorFlowTutorialForBook/blob/v100/253_tutorial.py

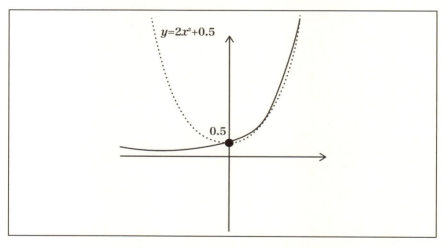

図2-5-3.fig1　「シグモイド」で曲げられた関数

　「0」から「1」まではいいですが、「-1.0」から「0」までは近似できていませんね。
　大丈夫です。今回はこれで問題ありません。

　なぜなら、「シグモイド関数」を「入力層」にしか使っていないため、「上がる関数」か「下がる関数」しか近似できないからです。
　つまり、今回のような「下がってから上がる」関数は表現できません。

　加えて、「機械学習」は基本的に「データセット」以外の範囲の学習がで

2-5 「ニューラル・ネットワーク」は「任意の関数」を表現できる

きません。

　今回は「データセット」に「0」から「1」までの範囲しか使っていないので、それ以外の範囲ではどんな出力が出るか保証できません。
＊
このことから、以下のことが分かります。
① 　「シグモイド関数」は「1次関数」を「曲げる」ことができる
② 　「機械学習」では、データセット以外の範囲の学習ができない
　逆に言えば、「範囲内」は推測できます

　[2-5-1]や[2-5-2]のように、データセット以外の範囲も予想するような「ニューラル・ネットワーク」を組まない限り、データセット外を近似することはできません。

　しかし、[2-5-1]や[2-5-2]を見たとおり、そのような専用の「ニューラル・ネットワーク」は、汎用性がなくなってしまうことになります。
（次の項[2-5-4]では、「-1.0」から「0」までの範囲も近似するためにデータセットにその範囲のデータも加えます）。

```
# data set
x_sample = np.random.rand(100,1).astype("float32")
x_sample = x_sample * 2.0 - 1.0 # -1.0までデータセットの範囲を拡大する
y_sample = slope*x_sample*x_sample + intercept
```
＊
以下に[2-5-3]のコード全文を記載します。

●253_tutorial.py

```
# -*- coding: utf-8 -*-
# 二次関数の近似を行ないたい
# y_sample = 2*x_sample*x_sample + 0.5
# 「ニューラル・ネットワーク」の本領発揮
# シグモイド関数を使い「「ニューラル・ネットワーク」を適当に設計」して二次関数を近似する
# データセットの範囲外については近似できない
```

第2章 「TensorFlow」のコードを通して学ぶ「深層学習」の原理

```python
import tensorflow as tf
import numpy as np
import time
import matplotlib.pyplot as plt

slope=2
intercept=0.5

start = time.time()

# data set
x_sample = np.random.rand(100,1).astype("float32")
y_sample = slope*x_sample*x_sample + intercept

x_data = tf.placeholder(tf.float32,[1])
y_data = tf.placeholder(tf.float32,[1])

w_input = tf.Variable(tf.random_uniform([1], -1.0, 1.0))
b_input = tf.Variable(tf.zeros([1]))

w = tf.Variable(tf.random_uniform([4,4], -1.0, 1.0))
b = tf.Variable(tf.zeros([4,4]))

# 1st hidden layer
h_linear1 = tf.sigmoid(tf.add(w_input*x_data, b_input))

# 2nd hidden layer
h_linear2 = tf.reduce_sum(tf.matmul(h_linear1*w, b))

# # output layer
# h_linear2 = tf.reduce_sum(tf.matmul(h_linear1,w_output)) + b_output
```

2-5 「ニューラル・ネットワーク」は「任意の関数」を表現できる

```python
y = h_linear2

# Add summary ops to collect data
w_hist = tf.histogram_summary("weights", w)
b_hist = tf.histogram_summary("biases", b)
y_hist = tf.histogram_summary("y", y)

loss = tf.reduce_mean(tf.square(y_data - y))
loss_summary = tf.scalar_summary("loss", loss)

optimizer = tf.train.GradientDescentOptimizer(0.01)
train = optimizer.minimize(loss)

init = tf.initialize_all_variables()

sess = tf.Session()
merged = tf.merge_all_summaries()
writer = tf.train.SummaryWriter("/tmp/tensorflow_log", sess.graph_def)
sess.run(init)

for step in xrange(1001):
    for i in xrange(100):
        if step % 100 == 0:
            result = sess.run([merged, loss],feed_dict={x_data:x_sample[i], y_data:y_sample[i]})
            summary_str = result[0]
            acc = result[1]
            writer.add_summary(summary_str, step)
        else:
            sess.run(train, feed_dict={x_data:x_sample[i], y_data:y_sample[i]})
```

```
        if step % 100 == 0:
            print step
            print sess.run(w)
            print sess.run(b)

xx = np.arange(-1, 1, 0.1)
yy = slope * xx * xx + intercept

plt.plot(xx, yy)

x=[]
r = []

for i in xrange(20):
    prot_x = (i-10)*0.1
    x.append(prot_x)
    r.append(sess.run(y, feed_dict={x_data:[prot_x]}))
    print(r[i])

plt.scatter(x, r)

plt.show()

sess.close()

timer = time.time() - start
print(("time:{0}".format(timer)) + "[sec]")
```

2-5 「ニューラル・ネットワーク」は「任意の関数」を表現できる

[プログラム解説]
《「係数」を定義》
```
slope=2
intercept=0.5
```
「係数」を定義します。

　近似したい関数は、
```
y = 2*x^2 + 0.5
```
です。

《「データセット」を作る》
```
# data set
x_sample = np.random.rand(100,1).astype("float32")
y_sample = slope*x_sample*x_sample + intercept
```
「データセット」を作ります。
今回も「100個」のデータセットです。
「numpy.random.rand()」で「0〜1」の乱数を生成できます。

　このデータセットの範囲「0〜1」は、後々のグラフの結果に関わるので、覚えておいてください。

《データの入れ物》
```
x_data = tf.placeholder(tf.float32,[1])
y_data = tf.placeholder(tf.float32,[1])
```
今回初めて出てきました。「**placeholder**」という関数です。
　これは「データの入れ物」のようなものです。データの「型」と「数」だけ定義しておいて、後の実行時にデータを入れることができます。

　「TensorFlow」は、この空の入れ物に取っ替え引っ替えデータを入れることで、学習ができるのです。

　前回までで、使わずに書けた理由は、「100個のスカラーのデータセッ

第2章 「TensorFlow」のコードを通して学ぶ「深層学習」の原理

ト」と決まっている場合、「行列」を利用することで、「placeholder」を使わなくても簡単に書けるからです。

しかし、今後、「データセット」の数は、「1千」かもしれませんし、「5万」かもしれません。

日々変化するデータセットを適用するために、「placeholder」の使い方を学んでおきましょう。

＊

このコードでは、入力「x」と出力「y」、各1個を定義しています。

「tf.float32型」は、この「placeholder」に入る数字が「float型」のときに指定します。もう一つの引数にある[1]は入れ物が1個であることを示しています。

[2,2]や[3,3,3]とすることで「2*2」の4個、「3*3*3」の27個と定義することもできます。

「TensorFlow」では、これらの数だけでなくこの行列の形が重要な意味をもってきます。

たとえば、画像を入力したいとき、「320*240」ピクセルのグレースケールならば、[320, 240]と定義するでしょうし、「640*480*3」のRGBカラー画像のときは[640, 480, 3]と定義するでしょう（「3」は「RGB」の3色を表わしています）。

《「ニューラル・ネットワーク」を定義》

```
w_input = tf.Variable(tf.random_uniform([1], -1.0, 1.0))
b_input = tf.Variable(tf.zeros([1]))


w = tf.Variable(tf.random_uniform([4,4], -1.0, 1.0))
b = tf.Variable(tf.zeros([4,4]))


# 1st hidden layer
h_linear1 = tf.sigmoid(tf.add(w_input*x_data, b_input))
```

2-5 「ニューラル・ネットワーク」は「任意の関数」を表現できる

```
# 2nd hidden layer
h_linear2 = tf.reduce_sum(tf.matmul(h_linear1*w, b))

# output
y = h_linear2
```

「ニューラル・ネットワーク」を定義します。

モデルの形は次のようになります。

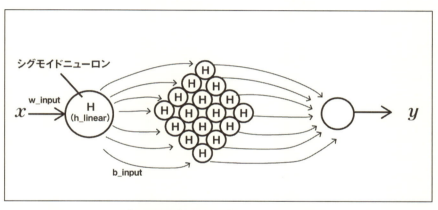

図2-5-3.fig2 「1次関数」を曲げる「ニューラル・ネットワーク」モデル

「1st hidden layer」では、入力に対して、「w * x+b」をし、「シグモイド関数」を適用します。

このときの「w」を「w_input」、「b」を「b_input」としています。

「2nd hidden layer」では、「4 * 4」個の「w」と、同じく「4 * 4」個の「b」を用意します。

これらの「w」と「b」を使い、1つの入力を「4 * 4」まで増やします。

第2章　「TensorFlow」のコードを通して学ぶ「深層学習」の原理

　「i」は「0〜3」、「j」は「0〜3」とすると、「4 * 4」個の出力は一般的に、

```
w[i][j] * h_linear1 + b[i][j]
```

と表わせます。

＊

```
tf.matmul(h_linear1*w, b)
```

が終わった時点で、これらの出力が出ますが、最終的にほしいのは、「y」ただひとつです。
　したがって、「次元削減」を行ないます。

　「tf.reduce_sum()」は、引数に入った行列の要素をすべて足し合わせ、1つの数値を出力します。

＊

```
tf.matmul(h_linear1*w, b)
```

は縦横4×4の行列ですが、すべての要素が足し合わされてひとつの出力になります。

　こうして、「ニューラル・ネットワーク」の定義ができました。
　この「4×4」は、適当に決めた数字です。「5×5」でもいいですし、「6×6」でもいいです。

　ただし、「1×1」だと足りないかもしれません。
　16個の「人工ニューロン」の素子があり、これは「ニューラル・ネットワーク」の頭の良さに関わっているからです。

　最終的には1つの出力になるわけですが、2層目では16個の素子がそれぞれ判断を下し、最後にそれらを足しあわせてまとめているのです。

2-5 「ニューラル・ネットワーク」は「任意の関数」を表現できる

《どの変数を可視化するかを定義》
```
# Add summary ops to collect data
w_hist = tf.histogram_summary("weights", w)
b_hist = tf.histogram_summary("biases", b)
y_hist = tf.histogram_summary("y", y)
```
これも初めて出てきた関数です。
　これらは「TensorFlow」の可視化機能である「TensorBoard」を使うための関数で、どの変数を可視化するかを定義できます。

　この命令によって、「4×4」個ある「w」と、同じく「4×4」個ある「b」、そして「出力y」が学習の過程でどう変化するかを「可視化」できます。
　「TensorBoard」の使い方については [2-5-3] の【Tips】TensorBoard を参考にしてください。

《「誤差関数」を定義》
```
loss = tf.reduce_mean(tf.square(y_data - y))
```
「誤差関数」を定義します。
「最小二乗法」を選択します。

《可視化》
```
loss_summary = tf.scalar_summary("loss", loss)
```
「誤差関数」も、「TensorBoard」で可視化できるようにします。
「誤差関数」の変化を見ることは、適切な「ニューラル・ネットワーク」を作る上でとても重要なことです。

《「勾配急下法の設定」「定義した定数の初期化」「セッションの定義」》
```
optimizer = tf.train.GradientDescentOptimizer(0.01)
train = optimizer.minimize(loss)
init = tf.initialize_all_variables()
sess = tf.Session()
```
「勾配急下法の設定」「定義した定数の初期化」「セッションの定義」をします。

第2章 「TensorFlow」のコードを通して学ぶ「深層学習」の原理

《「merged」を定義》

```
merged = tf.merge_all_summaries()
writer = tf.train.SummaryWriter("/tmp/tensorflow_log", sess.graph_def)
```

　定義した「可視化したいグラフ」をセッションに渡すための「merged」を定義します。

　学習の途中で「sess.run()」に入力することで、定義したグラフの描画ができるようになります。

　2行目では「TensorBoard」のためのログの保存場所などを指定しています。

《「セッション」を初期化》

```
sess.run(init)
```

　「セッション」を初期化します。

《学習》

```
for step in xrange(1001):
    for i in xrange(100):
        if step % 100 == 0:
            result = sess.run([merged, loss],feed_dict={x_data:x_sample[i], y_data:y_sample[i]})
            summary_str = result[0]
            acc = result[1]
            writer.add_summary(summary_str, step)
        else:
            sess.run(train, feed_dict={x_data:x_sample[i], y_data:y_sample[i]})
    if step % 100 == 0:
        print step
        print sess.run(w)
        print sess.run(b)
```

2-5 「ニューラル・ネットワーク」は「任意の関数」を表現できる

「1001回」、「100個」の(x,y)の組を学習します。

最も重要な行は、
```
sess.run(train, feed_dict={x_data:x_sample[i], y_data:y_sample[i]})
```
です。

学習を実行するときに使うデータを指定できます。

*

先ほど、
```
x_data = tf.placeholder(tf.float32,[1])
y_data = tf.placeholder(tf.float32,[1])
```
において空の入れ物、「placeholder」を定義しました。

*

「sess.run()」の引数を、
```
feed_dict={x_data:x_sample[i], y_data:y_sample[i]}
```
とすることで「0〜100」の「i」において、「x_sample[i]」「y_sample[i]」を「教師データ」として学習します。

それを「1001回」繰り返します。

*

その「1001回」の繰り返しの中で、「100回」ごとに学習の経過の「ログ」を収集しています。

```
if step % 100 == 0:
    result = sess.run([merged, loss],feed_dict={x_data:x_sample[i], y_data:y_sample[i]})
    summary_str = result[0]
    acc = result[1]
    writer.add_summary(summary_str, step)
```
です。

この辺りは、ログを収集するための呪文だと思ってください。

第2章 「TensorFlow」のコードを通して学ぶ「深層学習」の原理

　そして、誤差関数「loss」を確かめるために「sess.run()」に渡すと同時に、3つのヒストグラムをまとめた「merged」と1つのスカラーグラフ「loss」を「sess.run()」の引数に渡しています。
　その返り値の1番目(「merged」のほうの結果である「result[0]」)を「TensorFlow」で表示できるように保存しています。

《時間をターミナルに表示》

```
timer = time.time() - start
print(("time:{0}".format(timer)) + "[sec]")
```

学習にかかった時間を「ターミナル」に表示します。

　結果を「グラフ」にして確かめます。

《「正解グラフ」を描画》

```
xx = np.arange(-1, 1, 0.1)
yy = slope * xx * xx + intercept

plt.plot(xx, yy)
```

「正解グラフ」を描画します。

《「x」を20個入力》

```
x = []
r = []

for i in xrange(20):
    prot_x = (i-10) * 0.1
    x.append(prot_x)
    r.append(sess.run(y, feed_dict={x_data:[prot_x]}))
    print(r[i])

plt.scatter(x, r)
```

2-5 「ニューラル・ネットワーク」は「任意の関数」を表現できる

　「ニューラル・ネットワーク」に「-1」から「1」までの「x」を「20個」入力しています。

＊

```
prot_x = (i-10) * 0.1
```
　「prot_x」を「0.1」ずつ「20個」生成するための行です。

＊

```
x.append(prot_x)
```
　生成するたびに行列に加えます。
　もし、「i=2」ならば、[-1.0, -0.9]に新しく「-0.8」が追加され、「x」は[-1.0, -0.9, -0.8]になるでしょう。

＊

```
r.append(sess.run(y, feed_dict={x_data:[prot_x]}))
```
　「ニューラル・ネットワーク」を使うには、「セッション」の実行が必要です。
　そして今回は「placeholder」を使ったため、入力が空の状態です。
　「実行」のときに、「x」だけ引数に指定しましょう。
　「出力」に「y」を得たいので、「y」を第1引数に渡します。
　「x」と同様に「y」も行列にします。

《グラフを表示》

```
plt.show()
sess.close()
```
　「グラフ」を表示します。
　「グラフ」を閉じた後、「セッション」も閉じています。

第2章 「TensorFlow」のコードを通して学ぶ「深層学習」の原理

 TensorBoard

```
$ python 253_tutorial.py
```

「2-5-3.線形の関数をシグモイドで曲げる」を実行し、「機械学習」を行ないます。

学習が終わったら、グラフを閉じ、以下のコマンドを実行します。

```
$ tensorboard --logdir='/tmp/tensorflow_log'
```

「TensorBoard」が起動します。

「TensorBoard」は、「ローカル・サーバ」として起動し、「http://192.168.0.7:6006/」で見ることができます。
お好みのブラウザで「http://192.168.0.7:6006/」に接続してください。

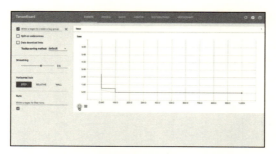

Tips1 TensorBoard01

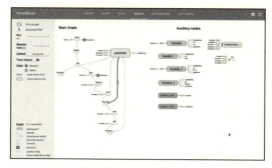

Tips2 TensorBoard02.

2-5 「ニューラル・ネットワーク」は「任意の関数」を表現できる

[2-5-4]「シグモイド関数」を使って「二次関数」を近似

[2-5-3]で関数を曲げることができました。

しかし、「ずっと上がる関数」もしくは「ずっと下がる関数」しか近似できませんでした。

先ほどの「2次関数」の左側を近似するためには、「増加する関数」と「減少する関数」を両方実装すればいいと考え、それを実装します。

イメージは次の図です。

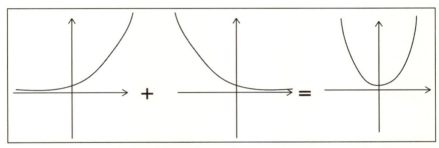

図2-5-4.fig1　「増加する関数」と「減少する関数」の足しあわせで「2次関数」を表現

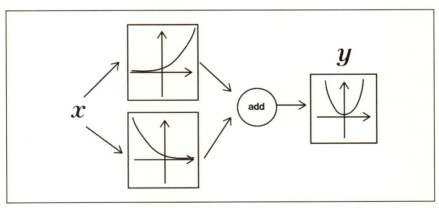

図2-5-4.fig2　「計算フロー」のイメージ

実行した後の「グラフ」を見てみると、「近似」できたことが分かります。

*

第2章 「TensorFlow」のコードを通して学ぶ「深層学習」の原理

コードの全文は以下です。

https://github.com/jintaka1989/TensorFlowTutorialForBook/blob/v100/254_tutorial.py

●254_tutorial.py

```python
# - * - coding: utf-8 - * -
# 二次関数の近似を行ないたい
# y_sample = 2 * x_sample * x_sample + 0.5
# 上がる関数と下がる関数の足しあわせで実現する

import tensorflow as tf
import numpy as np
import time
import matplotlib.pyplot as plt

coefficient=2
intercept=0.5

start = time.time()

# data set
x_sample = np.random.rand(100,1).astype("float32")
x_sample = x_sample * 2.0 - 1.0
y_sample = coefficient * x_sample * x_sample + intercept

x_data = tf.placeholder(tf.float32,[1])
y_data = tf.placeholder(tf.float32,[1])

w_input = tf.Variable(tf.random_uniform([1], -1.0, 1.0))
b_input = tf.Variable(tf.zeros([1]))

w = tf.Variable(tf.random_uniform([4,4], -1.0, 1.0))
```

2-5 「ニューラル・ネットワーク」は「任意の関数」を表現できる

```
b = tf.Variable(tf.zeros([4,4]))

w_input2 = tf.Variable(tf.random_uniform([1], -1.0, 1.0))
b_input2 = tf.Variable(tf.zeros([1]))

w2 = tf.Variable(tf.random_uniform([4,4], -1.0, 1.0))
b2 = tf.Variable(tf.zeros([4,4]))

w_output = tf.Variable(tf.random_uniform([4,4], -1.0, 1.0))
b_output = tf.Variable(tf.zeros([1]))
b_output2 = tf.Variable(tf.zeros([1]))

# 1st layer
h_linear1 = tf.sigmoid(tf.add(w_input * x_data, b_input))

# 2nd layer
h_linear2 = tf.reduce_sum(tf.matmul(h_linear1 * w, b))

# 1st layer
h_linear3 = tf.sigmoid(tf.add(w_input2 * x_data, b_input2))

# 2nd layer
h_linear4 = tf.reduce_sum(tf.matmul(h_linear3 * w2, b2))

# output
y = tf.add(tf.add(h_linear2, b_output),tf.add(h_linear4, b_output2))

# Add summary ops to collect data
w_hist = tf.histogram_summary("weights", w)
b_hist = tf.histogram_summary("biases", b)
y_hist = tf.histogram_summary("y", y)
```

第2章 「TensorFlow」のコードを通して学ぶ「深層学習」の原理

```
loss = tf.reduce_mean(tf.square(y_data - y))
loss_summary = tf.scalar_summary("loss", loss)

optimizer = tf.train.GradientDescentOptimizer(0.01)
train = optimizer.minimize(loss)

init = tf.initialize_all_variables()

sess = tf.Session()
merged = tf.merge_all_summaries()
writer = tf.train.SummaryWriter("/tmp/tensorflow_log", sess.graph_def)
sess.run(init)

for step in xrange(1001):
    for i in xrange(100):
        if step % 100 == 0:
            result = sess.run([merged, loss],feed_dict={x_data:x_sample[i], y_data:y_sample[i]})
            summary_str = result[0]
            acc = result[1]
            writer.add_summary(summary_str, step)
        else:
            sess.run(train, feed_dict={x_data:x_sample[i], y_data:y_sample[i]})
    if step % 100 == 0:
        print step
        print sess.run(w)
        print sess.run(b)
        print acc

timer = time.time() - start
print(("time:{0}".format(timer)) + "[sec]")
```

2-5 「ニューラル・ネットワーク」は「任意の関数」を表現できる

```
xx = np.arange(-1, 1, 0.1)
yy = coefficient * xx * xx + intercept

plt.plot(xx, yy)

x=[]
r = []

for i in xrange(20):
    prot_x = (i-10) * 0.1
    x.append(prot_x)
    r.append(sess.run(y, feed_dict={x_data:[prot_x]}))
    print(r[i])

plt.scatter(x, r)

plt.show()

sess.close()
```

　今回、目指すべきは「常に増加する関数」と「常に減少する関数」を組み合わせて、「二次関数」を表現することです。

　次のような「ニューラル・ネットワーク」のモデルになります。

第2章 「TensorFlow」のコードを通して学ぶ「深層学習」の原理

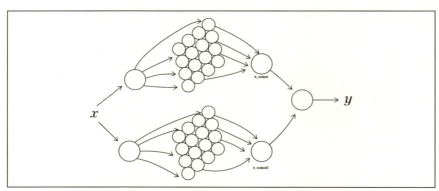

図2-5-4.fig3　「ニューラル・ネットワーク」のモデル

＊

変更や追加をしたところを中心に説明します。

《「データセット」の「範囲」を変更》

```
# data set
x_sample = np.random.rand(100,1).astype("float32")
x_sample = x_sample * 2.0 - 1.0 # データセットの範囲の変更
y_sample = coefficient * x_sample * x_sample + intercept
```

「データセット」の「x」の範囲を「0〜1」から「-1〜1」に変更します。

「x_sample」を2倍すると、「0〜1」から「0〜2」になり、さらに「-1」をすると「-1〜1」の範囲になります。

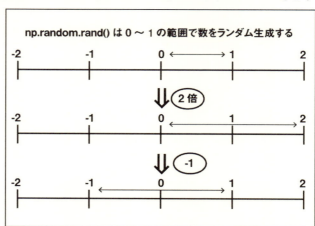

図2-5-4.fig4
「データセット」の「範囲」を拡大する

2-5 「ニューラル・ネットワーク」は「任意の関数」を表現できる

《「ニューロン」の「パラメータ」を定義》

```
x_data = tf.placeholder(tf.float32,[1])
y_data = tf.placeholder(tf.float32,[1])

w_input = tf.Variable(tf.random_uniform([1], -1.0, 1.0))
b_input = tf.Variable(tf.zeros([1]))

w = tf.Variable(tf.random_uniform([4,4], -1.0, 1.0))
b = tf.Variable(tf.zeros([4,4]))

w_input2 = tf.Variable(tf.random_uniform([1], -1.0, 1.0))
b_input2 = tf.Variable(tf.zeros([1]))

w2 = tf.Variable(tf.random_uniform([4,4], -1.0, 1.0))
b2 = tf.Variable(tf.zeros([4,4]))

b_output = tf.Variable(tf.zeros([1]))
b_output2 = tf.Variable(tf.zeros([1]))
```

今回使う「ニューロン」の「パラメータ」をすべて定義しています。

《グラフ》

```
# 1st layer
h_linear1 = tf.sigmoid(tf.add(w_input * x_data, b_input))

# 2nd layer
h_linear2 = tf.reduce_sum(tf.matmul(h_linear1 * w, b))
```

ここは[2-5-3]のグラフと同じです。

この出力は[2-5-3]のような「常に増加」または「常に減少」する関数になるでしょう。

これを「関数①」としましょう。

「ニューラル・ネットワーク」のモデルの以下の部分になります。

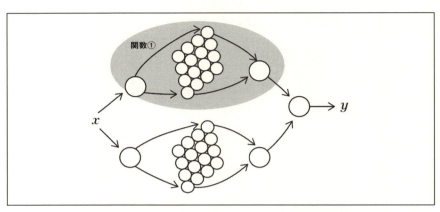

図2-5-4.fig5　「ニューラル・ネットワーク」のモデル「関数①」

《分岐》
```
# 1st layer
h_linear3 = tf.sigmoid(tf.add(w_input2 * x_data, b_input2))

# 2nd layer
h_linear4 = tf.reduce_sum(tf.matmul(h_linear3 * w2, b2))
```

　ここは「分岐」になります。
　今回の「ニューラル・ネットワーク」は分岐をして、それらを最後に足し合わせることになります。
　これも常に「増加」または「減少」する関数になるでしょう。

　これを「関数②」とします。

2-5 「ニューラル・ネットワーク」は「任意の関数」を表現できる

「ニューラル・ネットワーク」の以下の部分です。

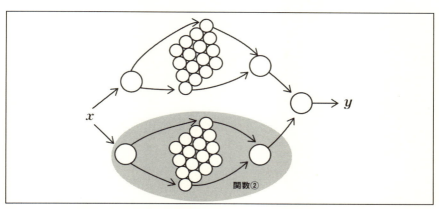

図2-5-4.fig6　「ニューラル・ネットワーク」のモデル「関数②」

《関数を足し合わせ》

```
# output
y = tf.add(tf.add(h_linear2, b_output),tf.add(h_linear4, b_output2))
```

「関数①」と「関数②」を「w * x + b」をしてから足し合わせています。モデル図の以下の部分になります。

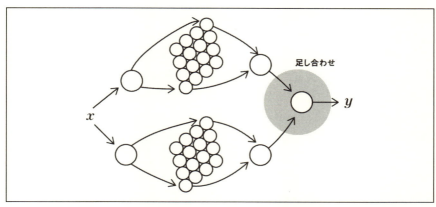

図2-5-4.fig7　「ニューラル・ネットワーク」のモデル「関数①」+「関数②」

第2章 「TensorFlow」のコードを通して学ぶ「深層学習」の原理

を近似しましたが、はたしてこれで「三次関数」や「四次関数」を近似できるでしょうか。

図2-5-4.fig7のような「下がって上がる関数」または「上がって下がる関数」は近似できるでしょう。

しかし、図2-5-4.fig8のような「上がって下がってまた上がる関数」は…近似できなさそうです。

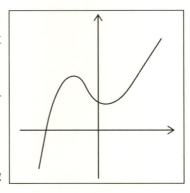

図2-5-4.fig8　増減を繰り返す関数

＊

次の項では、いよいよ、「ニューラル・ネットワーク」で任意の関数を近似します。

[2-5-5]「ニューラル・ネットワークが任意の関数を表現できることの視覚的証明」を実装

さて、退屈で楽しい関数近似も最終章にしましょう。
（皮肉を言いましたが、苦労したぶん楽しかったです。自分で設計した「機械学習プログラム」が目論見どおり動くのは達成感があります）。

＊

1つの「ニューラル・ネットワーク」であらゆる関数を近似するのです。

ただし、[2-5-5]の実装で言うところの「あらゆる関数」というのは、「xの値によってyが一意に決まる関数」のことを言っています。

つまり、「ニューラル・ネットワークが任意の関数を表現できることの視覚的証明のうち、2次元の関数について」というのが正しいです。

ややこしいですが、「2次関数」と「2次元の関数」は別物です。

たとえば、「立体」はもちろん「3次元以上」です。

2-5 「ニューラル・ネットワーク」は「任意の関数」を表現できる

特殊な図形で言えば、以下のような「楕円」などに対してはうまく近似できません。

「楕円」(傾いた楕円を含む)はそれを表わすのに5つのパラメータ(中心座標(x0, y0),長軸a,短軸b,長軸の傾きθ)が必要なので「5次元の関数」と言えます。

そして1つの「x」に対して「y」が2つのときがあり、今回の実装では「ニューラル・ネットワーク」がどちらの「y」を出力するか迷ってしまうことになるでしょう。

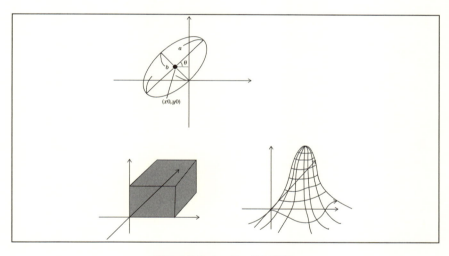

図2-5-5.fig1 いろいろな関数

＊

さっそく、コード全文からいってみましょう。

続いて結果を記し、解説は**[2-5-7]**から行ないます。

「ニューラル・ネットワークが任意の関数を表現できることの視覚的証明」については**[2-5-6]**を読んでください。

https://github.com/jintaka1989/TensorFlowTutorialForBook/blob/v100/255_tutorial.py

第2章 「TensorFlow」のコードを通して学ぶ「深層学習」の原理

255_tutorial.py

```python
# - * - coding: utf-8 - * -

import tensorflow as tf
import numpy as np
import time
import matplotlib.pyplot as plt

intercept=-0.25
coefficient1=0.5
coefficient2=5
coefficient3=5

start = time.time()

# data set
data_num = 200
tensor_num = 50

# graph_para
graph_range = (-2, 2)
x_plot_sub = 0.01
x_range = int((graph_range[1] - graph_range[0])/x_plot_sub)

x_sample = np.random.rand(data_num,1).astype("float32")
x_sample = x_sample * 2.0 - 1.0
y_sample = coefficient3 * x_sample * x_sample * x_sample + coefficient2 *  x_sample * x_sample + coefficient1 * x_sample + intercept
# y_sample = np.sin(5 * x_sample) + intercept + np.random.rand(data_num,1).astype("float32")/2

x_data = tf.placeholder(tf.float32,[1])
```

2-5 「ニューラル・ネットワーク」は「任意の関数」を表現できる

```
y_data = tf.placeholder(tf.float32,[1])

w_input = tf.Variable(tf.random_uniform([1], -1.0, 1.0))
b_input = tf.Variable(tf.zeros([1]))

w = tf.constant(tensor_num,shape=[tensor_num,1],dtype=tf.float32)
b = tf.constant(2.0 * (np.arange(tensor_num).astype(float)-(tensor_
num/2.0)),shape=[tensor_num,1],dtype=tf.float32)

w_output = tf.Variable(tf.random_uniform([2,tensor_num], -1.0, 1.0))
b_output = tf.Variable(tf.zeros([1]))

# 1st layer
# layer1 = x_data
layer1 = tf.add(w_input * x_data, b_input)

# 2nd layer
layer2 = tf.sigmoid(tf.add(layer1 * w, b))

layer3 = tf.reduce_sum(tf.matmul(w_output, layer2))

# output
y = tf.add(layer3,b_output)

# # Add summary ops to collect data
# w_hist = tf.histogram_summary("weights", w)
# b_hist = tf.histogram_summary("biases", b)
# y_hist = tf.histogram_summary("y", y)

loss = tf.reduce_mean(tf.square(y_data - y))
# loss_summary = tf.scalar_summary("loss", loss)
```

第2章 「TensorFlow」のコードを通して学ぶ「深層学習」の原理

```
# optimizer = tf.train.GradientDescentOptimizer(0.01)
optimizer = tf.train.AdamOptimizer()
train = optimizer.minimize(loss)

init = tf.initialize_all_variables()

sess = tf.Session()
# merged = tf.merge_all_summaries()
# writer = tf.train.SummaryWriter("/tmp/tensorflow_log", sess.graph_def)
sess.run(init)

for step in xrange(1001):
    for i in xrange(data_num):
        if step % 100 == 0:
            sess.run(loss, feed_dict={x_data:x_sample[i], y_data:y_sample[i]})
            result = sess.run(loss,feed_dict={x_data:x_sample[i], y_data:y_sample[i]})
            # summary_str = result[0]
            acc = result
            # writer.add_summary(summary_str, step)
        else:
            sess.run(train, feed_dict={x_data:x_sample[i], y_data:y_sample[i]})
    if step % 100 == 0:
        print step
        print sess.run(w)
        print sess.run(b)
        # print acc
        plt.scatter(x_sample, y_sample)

        x=[]
```

2-5 「ニューラル・ネットワーク」は「任意の関数」を表現できる

```
            r = []

            for i in xrange(x_range):
                prot_x = (i-x_range/2.0) * x_plot_sub
                x.append(prot_x)
                r.append(sess.run(y, feed_dict={x_data:[prot_x]}))
                print(r[i])

            plt.plot(x, r, color='orangered')
            plt.pause(2)
            plt.close()

timer = time.time() - start
print(("time:{0}".format(timer)) + "[sec]")

plt.scatter(x_sample, y_sample)

x=[]
r = []

for i in xrange(x_range):
    prot_x = (i-x_range/2.0) * x_plot_sub
    x.append(prot_x)
    r.append(sess.run(y, feed_dict={x_data:[prot_x]}))
    print(r[i])

plt.plot(x, r, color='orangered')

plt.show()

sess.close()
```

第2章 「TensorFlow」のコードを通して学ぶ「深層学習」の原理

「実行」して「グラフ」を見てみましょう。

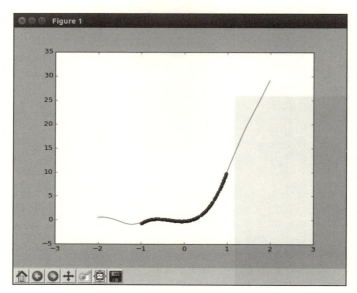

図2-5-5.fig2　三次関数の近似

　私の環境では、1000回の学習でも近似できています。
　ただし、「ニューロン」の「初期パラメータ」をランダムに決めているので、実行のたびに結果は少し変わります。
　「データセットのグラフ」と、「ニューラル・ネットワーク」の出した「答のグラフ」がズレているときは、学習をやり直したり、学習回数を増やしたりしてみてください。

＊

　「-1〜1」の間では近似できていますが、「-2〜 -1」または「1〜2」の範囲では近似できていません。
　これは「ニューラル・ネットワーク」が機械学習したとき、「データセットの範囲外を近似できない」ことを示しています。

＊

　「三次関数」の「グラフ」は近似できました。
　しかし、もっと複雑な関数はどうでしょうか。

2-5 「ニューラル・ネットワーク」は「任意の関数」を表現できる

たとえば、「上がって、下がって、上がって、下がって…上がる」関数など…

*

簡単なのは、「三角関数」を使うことです。

コードを以下のように修正してください。

```
y_sample = coefficient3 * x_sample * x_sample * x_sample + coefficient2 * x_sample * x_sample + coefficient1 * x_sample + intercept
# y_sample = np.sin(5 * x_sample) + intercept + np.random.rand(data_num,1).astype("float32")/2
```

↓

```
# y_sample = coefficient3 * x_sample * x_sample * x_sample + coefficient2 * x_sample * x_sample + coefficient1 * x_sample + intercept
y_sample = np.sin(5 * x_sample) + intercept + np.random.rand(data_num,1).astype("float32")/2
```

「-1」から「1」の間にグラフの増減を複数回入れるために「np.sin(5 * x_sample)」としています。

切片「intercept」を加えます。
そのままでは(0,0)について「点対称」な特殊な関数になってしまうので、それを防ぐために一応足しておくという感じです。

「np.random.rand(data_num,1).astype("float32")/2」これは「ランダム・ノイズ」です。
生成した「y」に「ランダム値」を足して、「データセット」に「ノイズ」を加えます。

こうすることで、この「ニューラル・ネットワーク」が「ノイズ」を吸収することを確かめます。

*

修正が終わったら、再度プログラムを実行してください。

第2章 「TensorFlow」のコードを通して学ぶ「深層学習」の原理

以下のグラフのようになったでしょうか。

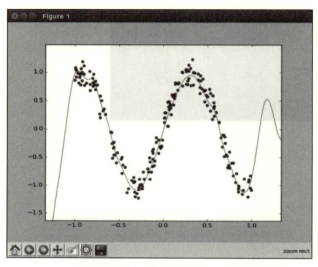

図2-5-5.fig3　「三角関数」の近似

増減の多い複雑な関数でも近似できることが分かりました。
その他の関数でも試してみてください。

　データセットを「-1」から「1」の間にしているので、その範囲外は近似できません。
　「-1」から「1」までに増減を入れるようにしたほうが、いろいろな関数を近似できることが分かって面白いと思います。

　たとえば右の図のように、です。

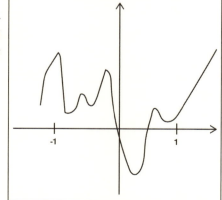

図2-5-5.fig4
「-1」と「1」の間に関数の増減をつける

2-5 「ニューラル・ネットワーク」は「任意の関数」を表現できる

　自分の思ったような関数を作りたいときは、「Wolfram」などを使うと楽です。
　「Wolfram」とは、例えると「Googleの理系版」といったところです。Webで高度な計算ができます。

　以下のページでグラフを簡単に見ることができます。
　もちろん、Pythonの「Matplotlib」でグラフを作ってもいいです。

```
https://www.wolframalpha.com/
```

　「Wolfram」の検索ボックスに以下を入力すると、そのグラフを見ることができます。

```
Plot[5*x^3+5*x^2+0.5*x-0.25, {x,-1,1}]
```

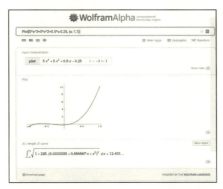

図2-5-5.fig5 　「Wlofram」でグラフの形を見る

　以下のような文法になっています。

```
Plot[関数f(x)の式, {x,グラフにプロットしたいxの範囲の小さいほうの値,グラフにプロットしたいxの範囲の大きいほうの値}]
```

　コードの、

```
y_sample = np.sin(5 * x_sample) + intercept + np.random.rand(data_num,1).astype("float32")/2
```

の右辺を自由に変えて試してみてください。

第2章　「TensorFlow」のコードを通して学ぶ「深層学習」の原理

*

また、「データセット」の範囲を拡大してみてもいいでしょう。

たとえば、以下の修正で、「データセット」の範囲を「-2」から「2」に拡大できます。

```
x_sample = x_sample * 2.0 - 1.0
```
↓
```
x_sample = x_sample * 4.0 - 2.0
```

[2-5-6]　「ニューラル・ネットワーク」が任意の関数を表現できることの視覚的証明

さて、「ニューラル・ネットワーク」のもっとも衝撃的な事実の1つは、「任意の関数を表現できること」と言いました。

[2-5-4]の実装を理解するには、それを視覚的に理解することが重要です。

図2-5-6.fig1のグラフについて考えます。

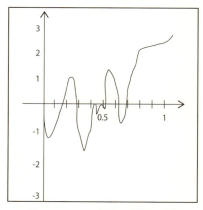

図2-5-6.fig1　任意の関数の例

「ニューロン」により、図2-5-5.fig2のような「ステップ関数」の近似を作ることができます。

2-5 「ニューラル・ネットワーク」は「任意の関数」を表現できる

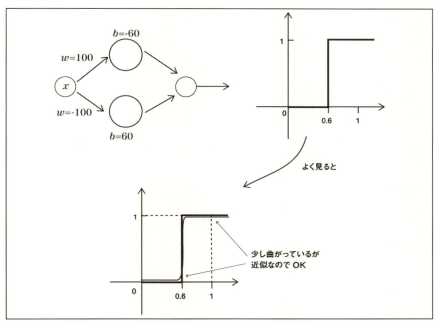

図2-5-6.fig2　「ニューロン」による「ステップ関数」

　「-b/w=0.6」のとき、この「ステップ関数」は「x=0.6」のとき「0」から「1」へ立ち上がることが分かります。これを「step(0.6)」と名付けましょう。

　より一般化し、「s=-b/w」のとき、「step(s)」とします。

　それに従って、fig2を簡略化したものが、**図2-5-5.fig3**です。

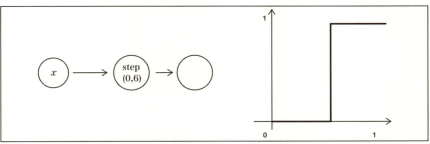

図2-5-6.fig3　「ニューロン」による「ステップ関数」の簡略図

第2章 「TensorFlow」のコードを通して学ぶ「深層学習」の原理

以下のように「ニューロン」を2つ並べると、「コブ」を作ることができます。

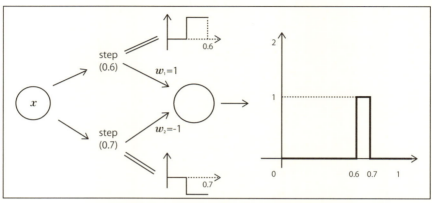

図2-5-6.fig4 「ニューロン」によるコブの表現

「w1,w2」の値を変えることによって、コブの高さを変えることができます。

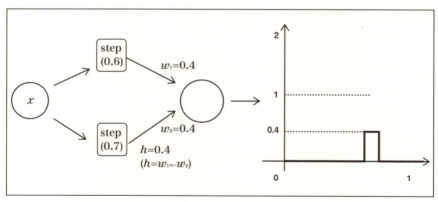

図2-5-6.fig5 コブの高さを変える

2-5 「ニューラル・ネットワーク」は「任意の関数」を表現できる

「コブ」を好きなように増やすことが可能です。

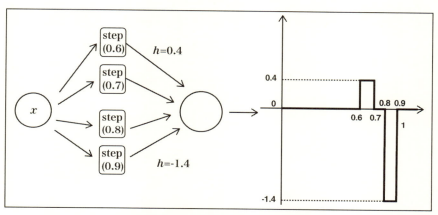

図2-5-6.fig6 「コブ」を増やすこともできる

　図2-5-6.fig7では太線のグラフが「ニューラル・ネットワーク」のグラフで、各「h」の値によってコブが並んだようなグラフになることが分かります。

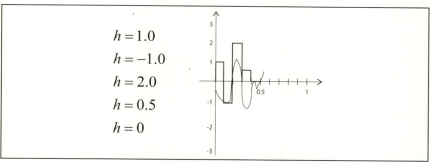

図2-5-6.fig7　コブが並んだようなグラフになる

第2章 「TensorFlow」のコードを通して学ぶ「深層学習」の原理

「Wolfram」で確かめることもできます。
以下の式を「検索ボックス」に入力してグラフを見てみてください。

```
Plot[sigmoid(1000*x-600)-sigmoid(1000*x-700), {x,-1,1},{y,-1,1}]
```

図2-5-6.fig8では「粗い近似」として、fig7の「h」の値を変えてみました。

このことから「ニューロンのペア」の数を増やすことで、簡単に「近似精度」を改善できると分かります。

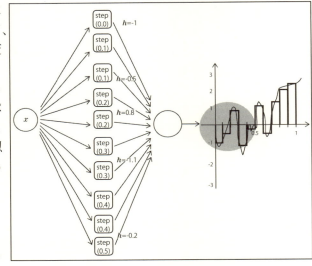

図2-5-6.fig8
「近似精度」の向上

＊

「3次元」以上の関数についても、層を厚くし、「ニューロン」の数を増やすことによって任意の関数を表現できます。

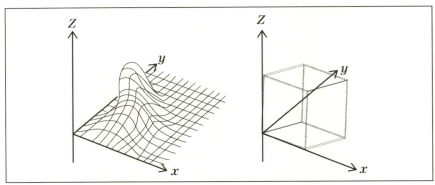

図2-5-6.fig9　3次元の関数

2-5 「ニューラル・ネットワーク」は「任意の関数」を表現できる

　「4次元」以上の関数を視覚化するには、深い数学の知識が必要になってきます。数学者の理論を実装した「サンプル・コード」がインターネット上に公開されている場合もあります。
　「4次元」以上の関数のモデル作成においては、それをどう視覚化するかについての数学者たちの議論、論文を参考にしましょう。

[参考]「ニューラル・ネットワーク」と深層学習
https://nnadl-ja.github.io/nnadl_site_ja/chap4.html

　ただし、ここで注意事項があります。
　この結果は画像処理などの実用的な「ニューラル・ネットワーク」を構成するのに直接有用ではないということです。
　機械的にニューロンの数を増やすよりも、より良いモデルがあるからです。
　しかし、これによって「任意の関数をニューラル・ネットワークで計算できるか」という問いを議論から外せます。
　したがって、「ニューラル・ネットワーク」のモデルを構築する際の問題設定は、「ある特定の関数を計算できるか」ではなく、「ある特定の関数を計算するいい方法は何か」となります。

[2-5-7] 実装の解説

(「ニューラル・ネットワーク」が任意の関数を表現できることの視覚的証明のうち、2次元の関数について)
　[2-5-6]を元に「ニューラル・ネットワークが任意の関数を表現できることの視覚的証明のうち、2次元の関数について」を実装します。

《「三次関数」の定数》
```
intercept=-0.25
coefficient1=0.5
coefficient2=5
coefficient3=5
```
　「三次関数」の定数を決めています。

第2章 「TensorFlow」のコードを通して学ぶ「深層学習」の原理

後に記述する、

```
y_sample = coefficient3 * x_sample * x_sample * x_sample + coefficie
nt2 *  x_sample * x_sample + coefficient1 * x_sample + intercept
```

で使っています。

《「2層目のニューロン」の数》

```
tensor_num = 50
```

この「ニューラル・ネットワーク」の肝となる、「2層目のニューロン」の数です。

「TensorFlow」の「tf.Variable()」や「tf.constant()」の引数に、

```
shape=[tensor_num,1]
```

を指定すると、このようなモデルになります。

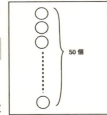

図2-5-7.fig1　ニューロンの数

《「グラフの大きさ」と「点の間隔」》

```
# graph_para
graph_range = (-2, 2)
x_plot_sub = 0.01
x_range = int((graph_range[1] - graph_range[0])/x_plot_sub)
```

「グラフの大きさ」と、「どのくらいの間隔で点をプロットするか」定義しています。

「x_plot_sub」の値ごとに「ニューラル・ネットワーク」に入力し、出力した点をプロットします。

《「データセット」を用意》

```
x_sample = np.random.rand(data_num,1).astype("float32")
x_sample = x_sample * 2.0 - 1.0
y_sample = coefficient3 * x_sample * x_sample * x_sample + coefficient
2 *  x_sample * x_sample + coefficient1 * x_sample + intercept
```

「データセット」を用意します。

2-5 「ニューラル・ネットワーク」は「任意の関数」を表現できる

*

いよいよ次の行から「ニューラル・ネットワーク」を定義します。

《「入力層」と「出力層」を定義》

```
x_data = tf.placeholder(tf.float32,[1])
y_data = tf.placeholder(tf.float32,[1])
```

「入力層」と「出力層」を定義します。

《1層目のニューロン》

```
w_input = tf.Variable(tf.random_uniform([1], -1.0, 1.0))
b_input = tf.Variable(tf.zeros([1]))
```

「1層目のニューロン」のパラメータです。

《2層目のニューロン》

```
w = tf.constant(tensor_num,shape=[tensor_num,1],dtype=tf.float32)
b = tf.constant(2.0 * (np.arange(tensor_num).astype(float)-(tensor_num/2.0)),shape=[tensor_num,1],dtype=tf.float32)

w_output = tf.Variable(tf.random_uniform([2,tensor_num], -1.0, 1.0))
b_output = tf.Variable(tf.zeros([1]))
```

「2層目のニューロン」のパラメータです。

*

以上のパラメータを組み合わせて、「ニューラル・ネットワーク」を作ります。

ここで、**図2-5-7.fig2**を見てください。

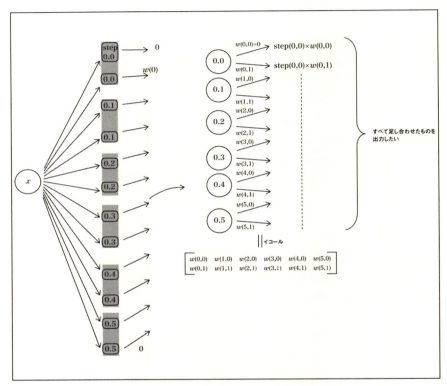

図2-5-7.fig2 「実装する方法」の中の一つ

　まずはこのモデルの肝となる「step関数」周りの整理を視覚化して、コードを書く下準備をしましょう。

＊

端に「step」の「最小値」と「最大値」の2つを付け足します。

　これらは「出力層」までに「×0」がされるとすれば、次の層には影響を及ぼさないので、付け足していいことになります。

2-5 「ニューラル・ネットワーク」は「任意の関数」を表現できる

または、後の値「w(0,0)」と「w(0,1)」は機械学習により決定されるので、「いい感じ」の値をコンピュータが計算してくれるでしょう。

＊

すると、同じ数字の「stepニューロン」のペアができるのが分かります。これらは図の右のように書き換えられます。

その結果、これら「step(s)」の値は定数で書くことが可能になります。

その「step(s)」から伸びる2本の矢印は、「w」(コード内では w_output)を示し、「2本×ニューロンの個数」ということで、行列で表わすことができます。

＊

最終的に得たい出力は、適切な順番で「step(s)」と「w(i,j)」を掛け算してから、すべてを足し合わせたものです。

行列の内積でこれを表現することができます。

行列の内積はたとえば**図2-5-7.fig3**のように定義されます。

$$(1,\ 2,\ 3)\begin{pmatrix}4\\5\\6\end{pmatrix}=1\cdot4+2\cdot5+3\cdot6=$$

$$\begin{pmatrix}1.2.3\\7.8.9\end{pmatrix}\begin{pmatrix}4\\5\\6\end{pmatrix}=\begin{pmatrix}1\cdot4+2\cdot5+3\cdot6\\7\cdot4+8\cdot5+9\cdot6\end{pmatrix}=\begin{pmatrix}32\\122\end{pmatrix}$$

図2-5-7.fig3　行列の積

したがって、このモデルは**図2-5-7.fig4**のようになります。

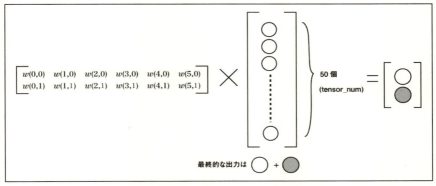

図2-5-7.fig4　モデルを行列で表現する

第2章 「TensorFlow」のコードを通して学ぶ「深層学習」の原理

*

さて、ここまでで出来たモデルを具体的な数字を含めて書き直しましょう。

実装の数字を見ると、

```
w = tf.constant(tensor_num,shape=[tensor_num,1],dtype=tf.float32)
```
定数を定義しています。「50」が50個行列として生成されます。

```
b = tf.constant(2.0 * (np.arange(tensor_num).astype(float)-(tensor_num/2.0)),shape=[tensor_num,1],dtype=tf.float32)
```
定数を定義しています。

```
np.arange(tensor_num).astype(float)
```
で「0」から「49」までの行列[0,1,2,...49]が定義されます。

「2.0」をかけることで、[0,2,4,....98]になります。

「-(tensor_num/2.0)」とすることで、[-49,-47,-45,.....49]になります。

これをふまえてモデルを書き直すと…

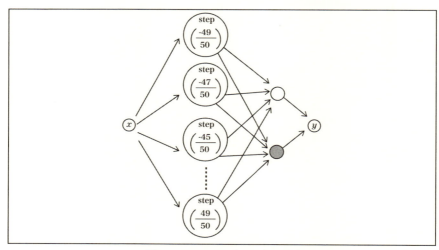

図2-5-7.fig5　モデルの書き直し

2-5 「ニューラル・ネットワーク」は「任意の関数」を表現できる

さて、この図を見ると「step」の最小値が「step(-49/50)」、最大値が「step(49/50)」です。
おおよそ「-1」から「1」までの範囲です。

これでは、もし「-1」から「1」の範囲外に「データセット」があったら、その範囲は近似できないことになります。
より汎用的な「ニューラル・ネットワーク」にするために、「1層目」を追加します。

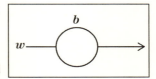

図2-5-7.fig6　「1層目」の追加

「1層目」に入れるのは、図の通り、基本的な「(w*x+b)」のニューロンです。

「y=f(x)」をx軸に対して拡大縮小することで、より範囲の広い「データセット」に対応します。

たとえば、「y=x^2」を「拡大縮小」するには、以下のようにします。

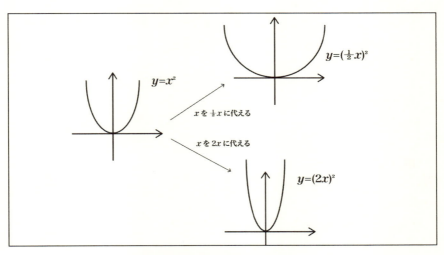

図2-5-7.fig7　関数の拡大縮小

第2章 「TensorFlow」のコードを通して学ぶ「深層学習」の原理

つまり、(w*x_input+b_input)の「ニューロン」を入れることで「x軸方向」に「拡大縮小」させることができます。
「b_input」は必須ではないですが、慣習的に入れています。

「y軸方向」の「拡大縮小」は「w_output群」がやってくれるので、このままで大丈夫です。

「1層目」を入れると、図2-5-7.fig8のようになります。

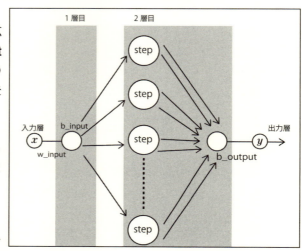

図2-5-7.fig8
「1層目」の追加後のモデル

最後の出力にも「b_output」というバイアスを足し算しています。これも必須ではないものです。
これを「3層目」と呼んでもいいですが、今回は直前の「ステップ関数群」と合わせて「-1から1の間の2次元の関数を表現する層」とし、「2層目」とします。

*

これで実装するモデルが具体的になりました。
それでは「ニューラル・ネットワーク」の層の実装をしていきましょう。

《「1層目」ニューロン》

```
# 1st layer
# layer1 = x_data
layer1 = tf.add(w_input * x_data, b_input)
```

「1層目」は、「(w*x_input+b_input)」のニューロンです。

2-5 「ニューラル・ネットワーク」は「任意の関数」を表現できる

　これの代わりに「layer1 = x_data」を書くと、「x軸方向」に「拡大縮小」しないことになるので、単に「-1」から「1」までの範囲で関数を近似できる「ニューラル・ネットワーク」になります。

《「2層目」ステップ関数群》
```
# 2nd layer
layer2 = tf.sigmoid(tf.add(layer1 * w, b))
layer2_2 = tf.reduce_sum(tf.matmul(w_output, layer2))
```

　「2層目」のはじめの「layer2 =」で「ステップ関数群」を生成しています。
　「layer1 * w」は、「(1層目の出力)×(tensor_num個のtensor_num)」を表わし、「サンプル・コード」では「(1層目の出力)×[50,50,50,....50]」です。

　「2層目」の2行目「layer2_2 =」では、まず「tf.matmul(w_output, layer2)」で図2-5-7.fig5の「行列の内積」をします。
　得られる出力は要素を2つもった行列で、それらも足し合わせ出力を1つにしたいです。そこで行列要素をすべて足し合わせる「tf.reduce_sum()」を使います。

《「b_output」を足す》
```
# output
y = tf.add(layer2_2,b_output)
```

　最後にバイアス「b_output」を足して、「ニューラル・ネットワーク」の完成です。

　　　　　　　　　　　　　＊
　以降はこれまでと同様になります。
　1つだけ、大きな変更をしたのが、「学習の方法」です。
　今までは「最急降下法」を使っていました。
```
optimizer = tf.train.GradientDescentOptimizer(0.01)
```

第2章　「TensorFlow」のコードを通して学ぶ「深層学習」の原理

　今回使ったのは、以下の関数です。
　「Adam」は「確率的勾配降下法」の1つで、2015年に発表されたものです。
　詳しい理論は知らないので、使用した感想だけまとめると、

①「学習率」を設定せず、「自動」で計算してくれるのでより汎用的
②ただし、より良い精度を目指すには「AdamOptimizer」または「Gradient DescentOptimizer」の引数を「学習回数」ごとに細かく変更し、「最適な値」を探したほうがよさそう

＊

　以上で、「ニューラル・ネットワーク」の可能性を肌で感じてもらえたと思います。

＊

　次の章では、「畳み込みニューラル・ネットワーク」と呼ばれるものを使って画像の分類をします。
　実用的な「ニューラル・ネットワーク」を構築していきましょう。

第3章

画像処理

もっと実用的な「ニューラル・ネットワーク」を組んでいきます。
「ディープラーニング」の中でもっとも成果が出ている分野である「画像分類」を問題に、「手書き数字分類」から自分のデータセットを作って学ばせるまでをやっていきましょう。

第3章 画像処理

3-1 初心者のための手書き数字認識

　Googleの公式チュートリアルに「初心者のためのMNIST」というものがあります。

*

　「MNIST」は、モノクロの「手書き数字」の「画像データセット」です。
以下のような「手書き数字」の画像で構成されています。

図3-1.fig1　手書き数字データセット「MNIST」

　また、各画像には、どの「数字」かを示す、「ラベル」が付いています。
　上記の画像のラベルは、「5、0、4、1」です。

　そして、それらの画像「数万枚」で構成されています。
　この「チュートリアル」では、「画像を見て、それが何の数字なのかを予測するモデル」を訓練します。

　これは「TensorFlow」の画像処理に慣れるための単純なモデルになり、最先端の性能を実現するものではありません。「92%」程度の精度になるでしょう。

https://github.com/jintaka1989/TensorFlowTutorialForBook/blob/v100/310_tutorial.py

●310_tutorial.py

```python
from tensorflow.examples.tutorials.mnist import input_data
mnist = input_data.read_data_sets("MNIST_data/", one_hot=True)

import tensorflow as tf
import time

start = time.time()

x = tf.placeholder(tf.float32,[None,784])

W = tf.Variable(tf.zeros([784,10]))
b = tf.Variable(tf.zeros([10]))

y = tf.nn.softmax(tf.matmul(x,W)+b)

y_ = tf.placeholder(tf.float32,[None,10])

cross_entropy = -tf.reduce_sum(y_ * tf.log(y))

train_step = tf.train.GradientDescentOptimizer(0.01).minimize(cross_entropy)

init = tf.initialize_all_variables()

sess = tf.Session()
sess.run(init)

for i in range(1000):
    batch_xs, batch_ys = mnist.train.next_batch(100)
    sess.run(train_step, feed_dict={x: batch_xs, y_: batch_ys})
    print tf.argmax(y, 1)
```

第3章 画像処理

```
correct_prediction = tf.equal(tf.argmax(y,1),tf.argmax(y_,1))

accuracy = tf.reduce_mean(tf.cast(correct_prediction, "float"))

print sess.run(accuracy, feed_dict={x: mnist.test.images, y_: mnist.test.labels})

timer = time.time() - start

print ("time:{0}".format(timer)) + "[sec]"
```

```
from tensorflow.examples.tutorials.mnist import input_data
mnist = input_data.read_data_sets("MNIST_data/", one_hot=True)
```

　プログラムを初めて実行するときに「MNIST」をダウンロードします。

　「2回目」以降はダウンロードしないで、「1回目」に保存された「MNIST」を利用します。

[プログラム解説]
《画像のピクセル数》

```
x = tf.placeholder(tf.float32,[None,784])
```

　入力はMNISTの画像のピクセル数になります。
「28×28」の「784」です。

　それぞれのピクセルは、図 3-1.fig2のように白黒の濃淡を数値で表わしています。

3-1 初心者のための手書き数字認識

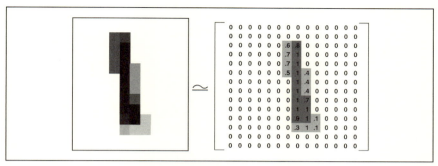

図3-1.fig2 数値で表わされた画像

しかし、形がこれまでと違います。

「None」とは、後でサイズが決まる場合に使う「仮の値」です。

「None」とすることで、「学習」や「テスト」や実際に使うときに「100」や「10000」や「1」など、可変サイズに対応できます。

特に学習のときには1回の学習で、「行列」を利用して、画像をまとめて(100枚など、)学習することになります。

そのときの画像の枚数は「バッチサイズ」と呼ばれます。

《重み「W」とバイアス「b」》

```
W = tf.Variable(tf.zeros([784,10]))
b = tf.Variable(tf.zeros([10]))
```

重み「W」とバイアス「b」を設定しましょう。

「最終的な出力」は「10個」にしたいです。数字が(0～9)までの10種類あるからです。

「x」と「W」を内積することで、「10」の出力を出すためには「W」が[784,10]である必要があります。

「tf.matmul(x,W)」がその内積にあたります。

この「W」は「各ピクセルのもつ0～9までの数字の可能性」と言い換えることができます。

第3章 画像処理

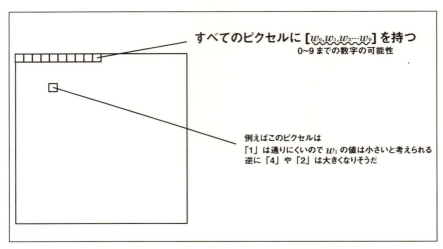

図3-1.fig3　各ピクセルのもつ0〜9までの数字の可能性とは

続いての行で、新しい関数が出てきます。

《ソフトマックス関数》
```
y = tf.nn.softmax(tf.matmul(x,W)+b)
```

「ソフトマックス関数」と呼ばれるものです。これは得られた「N個」（ここでは「10個」）の出力を「確率のように」変換してくれます。

これにより、「0の確率はy[0]％、1の確率はy[1]％、2の確率はy[2]％、…9の確率はy[9]％、」という結果が出ます。

「**tf.matmul(x,W)+b**」までで得られた「出力」は「負」から「正」まで、そして範囲も何でもありで、そのままでは人が見てもよく分かりません。

確率は、

①値が「正」
②総和が「1」

でなくてはなりません。

具体的には、値が「正」になるように「指数関数」に通してから、総和が「1」になるように全部足したもので割って「正規化」します。

図のような「指数関数」です。

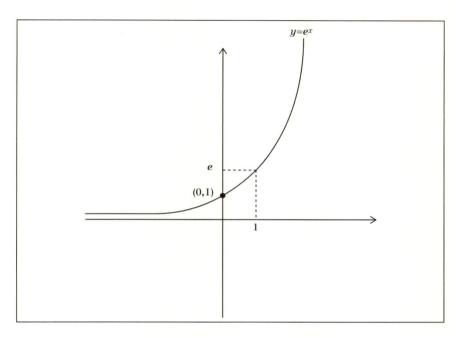

図3-1.fig4　e（ネイピア数）を底とした指数関数

《「正解の出力」の「入れ物」を定義》
```
y_ = tf.placeholder(tf.float32,[None,10])
```

　「正解の出力」の「入れ物」を定義します。
　たとえば入力画像の正解ラベルが「3」のときには、「3の確率が1、他の数字の確率は0」つまり「y_」は、
```
[0,0,0,1,0,0,0,0,0,0]
```
になるでしょう。

　正解データ「y_」と、「ニューラル・ネットワーク」の「出力」した値「y」の誤差を少なくすることで、モデルを学習させていきます。
*
　「チュートリアル」の「画像分類」の「ニューラル・ネットワーク」では、「誤差関数」に「クロス・エントロピー」を使っています。

第3章　画像処理

「クロス・エントロピー」は、「分類問題」でよく使われる「誤差関数」です。

$$-\sum_{i} y'i \log(yi)$$

「TensorFlow」では次のように記述します。

```
cross_entropy = -tf.reduce_sum(y_*tf.log(y))
```

《「最適化アルゴリズム」を選択》

```
train_step = tf.train.GradientDescentOptimizer(0.01).minimize(cross_entropy)
```

次に、「最適化アルゴリズム」を選択してします。
ここでは学習率「0.01」の「最急降下法」を選択しています。

《「パラメータ」を初期化》

```
init = tf.initialize_all_variables()

sess = tf.Session()
sess.run(init)
```

「セッション」を定義し、「パラメータ」を初期化しています。

《1000回学習》

```
for i in range(1000):
    batch_xs, batch_ys = mnist.train.next_batch(100)
    sess.run(train_step, feed_dict={x: batch_xs, y_: batch_ys})
    print tf.argmax(y, 1)
```

「学習」を「1000回」行なっています。
1000回のループの中で、最初に「バッチ」を取得しています。
「バッチ・サイズ」は、「mnist.train.next_batch(100)」のように、「100」です。「MNIST」の画像の中から、ランダムに100枚の画像を選んでいます。

3-1 初心者のための手書き数字認識

　これが、先ほどの「x = tf.placeholder(tf.float32,[None,784])」の「None」に入る値になり、つまり、「1回のループ」で「100枚の画像」を学習していることになります。

　それを「1000回」繰り返すということは、実質、「1000×100」の「10万枚」学習をしていると言えるでしょう。

　理想はすべてのデータを「1000回」学習したいですが、それでは長い時間がかかってしまいます。
　そこで、各ループでランダムな異なるデータを「100枚」選ぶことで同様の効果が出ることを狙っています。

《「学習結果」の「評価」》
```
correct_prediction = tf.equal(tf.argmax(y,1),tf.argmax(y_,1))
```

　「学習結果」の「評価」をします。
　「**tf.argmax**」は、「テンソル」の要素の中で、「最も高い要素」が何番目か教えてくれます。
　「**tf.argmax(y,1)**」は、モデルが各入力に対して最も可能性が高いと考えているラベルで、「**tf.argmax(y_,1)**」は「正解」のラベルです。
　これらを「**tf.equal**」で比較できます。

　　　　　　　　　　　　　　＊
　「結果」は「入力データ」の枚数ぶん、「真偽」が出力され、

[True, False, True, True,....]

のようになるでしょう。

《精度を計算》
```
accuracy = tf.reduce_mean(tf.cast(correct_prediction, "float"))
```
　ここでは正解の割合、すなわち「精度」を計算します。

《「テスト・データ」での「精度」を求める》
```
print sess.run(accuracy, feed_dict={x: mnist.test.images, y_: mnist.test.labels})
```
最後に、「テストデータ」での「精度」を求めます。

「機械学習」の設計では「学習されたモデル」が、「訓練データ」以外でもしっかりと正しい判断ができるかどうか確認するために、「学習しないデータ」を「テスト・データ」として別にもつことが不可欠です。

さて、実行結果はどうだったでしょうか。
「約92%」になるはずです。
しかし、この「認識率」は「機械学習」の分野では低いです。
上級者向けの層を増やしたモデルならば、「99%」の認識率になります。

3-2 熟練者のための「手書き数字認識」(DeepMNIST)

この項ではGoogleの公式チュートリアルに従って「3層」の「畳み込みニューラル・ネットワーク」を構築します。
これは「約99.2%」の精度になります。
　　　　　　　　　　　　　＊
この「畳み込みニューラル・ネットワーク」(Convolutional Neural Network: CNN)の起源は、1979年に発表わされた福島氏らの「ネオコグニトロン」が元です。
　　　　　　　　　　　　　＊
「畳み込みニューラル・ネットワーク」が画像認識の分野で大きく注目されたのは、2012年の世界的な画像認識のコンテスト「ILSVRC」(ImageNet Large Scale Visual Recognition Challenge)からでした。
このコンテストにおいて、カナダのトロント大学のヒントン氏のチームが発表した「AlexNet」は既存の手法を大幅に上回る性能を発揮しました。

3-2 熟練者のための「手書き数字認識」(DeepMNIST)

翌年以降にこのコンテストの上位に入賞したアルゴリズムの多くは「畳み込みニューラル・ネットワーク」を使用した手法となりました。

今後、必要に応じて略称の「CNN」と呼ぶことにします。

*

「CNN」のうち、簡易なものを「TensorFlow」のチュートリアルは紹介しています。

コード全体は次のようになっています。

筆者が小さな修正を加えています。

https://github.com/jintaka1989/TensorFlowTutorialForBook/blob/v100/320_tutorial.py

●320_tutorial.py

```python
from tensorflow.examples.tutorials.mnist import input_data
mnist = input_data.read_data_sets("MNIST_data/", one_hot=True)

import tensorflow as tf

sess = tf.InteractiveSession()

x = tf.placeholder(tf.float32,[None,784])
# W = tf.Variable(tf.zeros([784,10]), name = "W")
y_ = tf.placeholder(tf.float32,[None,10])

def weight_variable(shape):
    initial = tf.truncated_normal(shape, stddev=0.1)
    return tf.Variable(initial)

def bias_variable(shape):
    initial = tf.constant(0.1, shape=shape)
    return tf.Variable(initial)
```

```python
def conv2d(x, W):
  return tf.nn.conv2d(x, W, strides=[1,1,1,1], padding='SAME')

def max_pool_2x2(x):
  return tf.nn.max_pool(x, ksize=[1,2,2,1],strides=[1,2,2,1], padding='SAME')

# 1st layer
W_conv1 = weight_variable([5, 5, 1, 32])
b_conv1 = bias_variable([32])

x_image = tf.reshape(x, [-1,28,28,1])

h_conv1 = tf.nn.relu(conv2d(x_image, W_conv1) + b_conv1)
h_pool1 = max_pool_2x2(h_conv1)

# 2nd layer
W_conv2 = weight_variable([5, 5, 32, 64])
b_conv2 = bias_variable([64])

h_conv2 = tf.nn.relu(conv2d(h_pool1, W_conv2) + b_conv2)
h_pool2 = max_pool_2x2(h_conv2)

# 3rd layer
W_fc1 = weight_variable([7 * 7 * 64, 1024])
b_fc1 = bias_variable([1024])

h_pool2_flat = tf.reshape(h_pool2, [-1, 7*7*64])
h_fc1 = tf.nn.relu(tf.matmul(h_pool2_flat, W_fc1) + b_fc1)

#Drop out
keep_prob = tf.placeholder("float")
```

3-2 熟練者のための「手書き数字認識」(DeepMNIST)

```python
h_fc1_drop = tf.nn.dropout(h_fc1, keep_prob)

W_fc2 = weight_variable([1024,10])
b_fc2 = bias_variable([10])
y_conv=tf.nn.softmax(tf.matmul(h_fc1_drop, W_fc2) + b_fc2)

cross_entropy = -tf.reduce_sum(y_*tf.log(y_conv))
train_step = tf.train.AdamOptimizer(1e-4).minimize(cross_entropy)
correct_prediction = tf.equal(tf.argmax(y_conv,1),tf.argmax(y_,1))
accuracy = tf.reduce_mean(tf.cast(correct_prediction, "float"))

saver = tf.train.Saver()

sess.run(tf.initialize_all_variables())
#original = 20000

for i in range(20000):
  batch = mnist.train.next_batch(50)
  if i%100 == 0:
    train_accuracy = accuracy.eval(feed_dict={
        x:batch[0], y_: batch[1], keep_prob: 1.0})
    print "step %d, training accuracy %g"%(i, train_accuracy)
  train_step.run(feed_dict={x: batch[0], y_: batch[1], keep_prob: 0.5})

print "test accuracy %g"%accuracy.eval(feed_dict={
  x: mnist.test.images, y_: mnist.test.labels, keep_prob: 1.0})

saver.save(sess, "model.ckpt")

sess.close()
```

第3章　画像処理

途中までは[3-1]と同じです。
[3-1]と違うところのみ説明します。

[プログラム解説]
《関数を定義》

```
def weight_variable(shape):
    initial = tf.truncated_normal(shape, stddev=0.1)
    return tf.Variable(initial)
```

これからは「テンソルの定義」を「層」ごとに何回もすることになります。
したがってコードを簡潔にするために、関数を定義しておきましょう。
＊
「weight_variable()関数」は、引数に「shape」(たとえば、[3,3,3,3])を取り、その形の「テンソル」を生成します。
[3,3,3,3]を引数に取ると、「3*3*3*3」の81個の「w」をもつ「テンソル」を生成します。
＊
「4次元のテンソル」なので図でも表現しづらいですが、無理やり表現すると、次の図のようになります。

3-2 熟練者のための「手書き数字認識」(DeepMNIST)

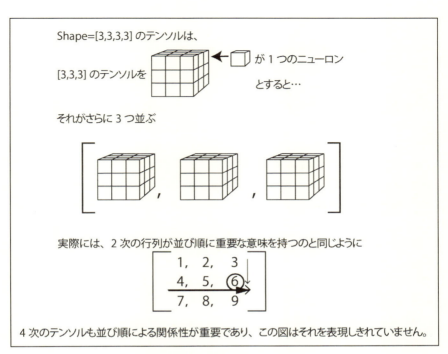

図3-2.fig1 4次元のテンソル

生成されるテンソルの中身は「tf.truncated_normal()」により、ランダムになります。

ランダムですが、今までと違い、「正規分布」かつ「標準偏差」(stddev=0.1)の2倍までの値の中でのランダム値になります。

図3-2.fig2を参考にしてください。

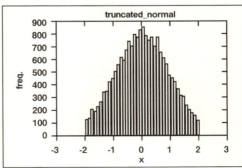

図3-2.fig2
「正規分布」かつ「標準偏差」
(stddev=1)

《「テンソル」を生成》

```
def bias_variable(shape):
    initial = tf.constant(0.1, shape=shape)
    return tf.Variable(initial)
```
「bias_variable()関数」も同じように「テンソル」を生成します。

この「テンソル」がもつパラメータはすべて定数(0.1)になります。

《「畳み込み」をする関数の定義》

```
def conv2d(x, W):
    return tf.nn.conv2d(x, W, strides=[1,1,1,1], padding='SAME')
```

これが「畳み込み」をする関数の定義になります。後で実際に使うときに説明します。

《プーリング》

```
def max_pool_2x2(x):
    return tf.nn.max_pool(x, ksize=[1,2,2,1],strides=[1,2,2,1], padding='SAME')
```

「プーリング」と呼ばれる処理の関数の定義になります。

これも後で実際に使うときに説明します。

《「テンソル」を定義》

```
# 1st layer
W_conv1 = weight_variable([5, 5, 1, 32])
b_conv1 = bias_variable([32])

x_image = tf.reshape(x, [-1,28,28,1])
```

[5, 5, 1, 32]のテンソルと、[32]の「テンソル」を定義します。

それぞれ重み「w」とバイアス「b」です。

この[5, 5, 1, 32]は、「5x5x1のフィルタが32枚ある」と覚えてください。

3-2　熟練者のための「手書き数字認識」(DeepMNIST)

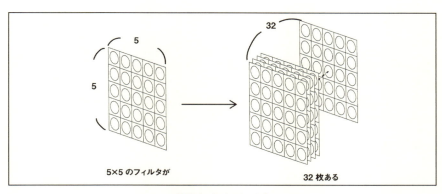

図3-2-.fig3 フィルタ

　「第1層」の「入力」は「手書き画像x」が入ってきますが、この「x」は「MNIST」において「平らなベクトル」です。
　「平らなベクトル」を「reshape」によって「28*28*1」（「1」は「グレースケール」という意味、「RGBカラー画像」であれば「3」になるでしょう）の画像に直します。

　最初の[-1]は特殊な引数で「任意」という意味になります。
　「x」の要素の数によって、自動でこの数字を決めてくれます。

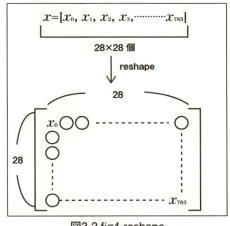

図3-2.fig4 reshape

第3章　画像処理

《畳み込み層》
```
h_conv1 = tf.nn.relu(conv2d(x_image, W_conv1) + b_conv1)
h_pool1 = max_pool_2x2(h_conv1)
```

そして肝の「畳み込み層」です。

「conv2d(x_image, W_conv1)」は、「入力画像」に先ほどの「32枚のフィルタを適用した」結果を返します。

そのフィルタの適用の仕方が、「畳み込み」と言われる所以です。

＊

図で説明しましょう。

まずは「padding」と呼ばれる処理をします。「conv2d」の定義の中には「tf.nn.conv2d」という関数があり、それは「padding='SAME'」という引数をもっています。

「padding処理」の種類を'SAME'と決めています。

＊

すると、実際の処理は、図のようになります。

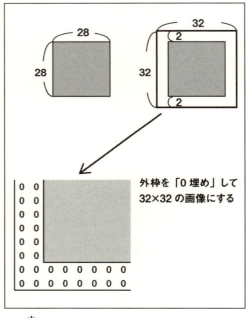

図3-2.fig5 padding

＊

次がいよいよ「畳み込み」です。

画像に「フィルタ」を適用します。

1つ右にズラします。いくつズラすかは引数で指定できます。

「strides=[1,1,1,1]」の、真ん中の2つがそうです。

[1,dx,dy,1]とすると、「dx」がx軸方向にどれだけズラすかで、「dy」はy軸方向にどれだけズラすかです。

3-2 熟練者のための「手書き数字認識」(DeepMNIST)

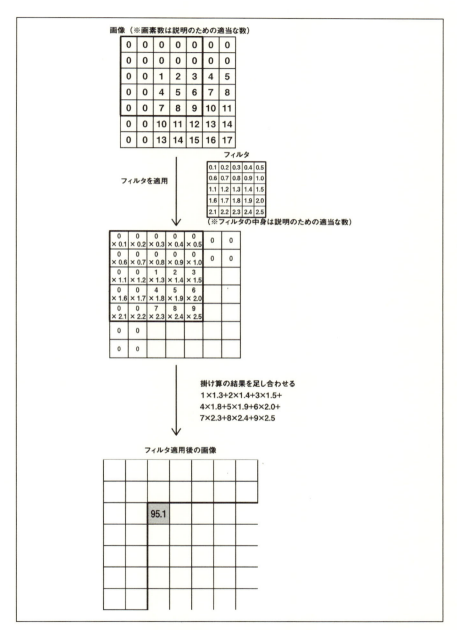

図3-2.fig6 フィルタを適用

このとき両サイドの「1」は、「固定値」と「TensorFlow」の公式ドキュメントで説明されています。

「dx=1」のとき、

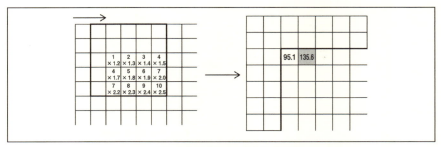

図3-2.fig7 「フィルタ」をズラす

画像の最後まで適用すると、「畳み込み」後の画像が出来上がります。

ここで注意するのが、「5*5」のピクセルを1ピクセルにまとめる処理をしたので、少し縮小され、「32*32」の大きさから「28*28」になることです。

「padding」をしたぶん、いちばん最初の画像の大きさと同じ「28*28」に戻っています。

これが「padding='SAME'」の意味です。「入力」と「出力」の画像の大きさを同じにしてくれます。

つまり、「畳み込み」で小さくなるぶんを補ってくれるのです。

＊

次は、残りのフィルタ31枚で同じことをします。

先ほどの作業をフィルタ32枚ぶんで行なうと、32枚の画像が出来上がります。

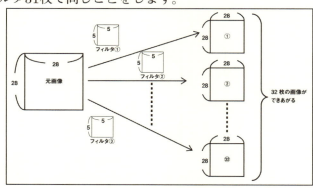

図3-2.fig8
フィルタ32枚を適用

3-2 熟練者のための「手書き数字認識」(DeepMNIST)

　さて、この画像というのは32枚のフィルタ(「32枚の特徴」と言い換えられる)を適用した、「特徴を抽出された画像」になります。
　今まで、「画像処理」では人間が考えたフィルタを適用し、特徴を抽出することが行なわれてきました。

　今回の例で言うと、元画像(28*28)から「1」を抽出するには、「1」の特徴を抽出できるフィルタ(5*5)を適用させます。その「5*5」のフィルタの数値は人間が決めてきました。

　しかし「機械学習」では、プログラムが「正解データ」を元に、自動でその「フィルタ」のパラメータを決めてくれます。

　ここまでで、「畳み込みニューラル・ネットワーク」のいちばんの肝のところの説明が終わりました。

《「特徴画像」の調整》

```
h_conv1 = tf.nn.relu(conv2d(x_image, W_conv1) + b_conv1)
```

　続いては、抽出された「特徴画像」の調整を行ないます。
(バイアス「b_conv1」を足すことは「ニューラル・ネットワーク」の慣習で、それほど重要ではありません)。

*

　調整の1番目は「ReLU関数」です。
　「TensorFlow」では、「tf.nn.relu()」と記述します。

　抽出された画像の中の画素数には「-0.3」など、「0」より小さい数値があるかもしれません。
　例には出しませんでしたが、フィルタは「マイナスの値」を取ることができますし、バイアスも「マイナス」を取ることがあります。
　そのような「マイナスの画素」は「計算過程で出たノイズ」として除外してしまいたいです。
　逆に、「大きい数値」は残しておきたいです。

「ReLU関数」は、入力した値が「0」以下のとき「0」になり、「1」より大きいとき入力をそのまま出力します。

図のようなグラフになります。

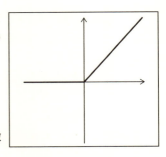

図3-2.fig9 ReLU関数

この処理を「活性化」といい、「ReLU関数」は「活性化関数」のうちの一つです。

先に説明した「シグモイド関数」や「ソフトマックス関数」も「活性化関数」です。

これらは「次の層」に渡す値を整えるような役割をします。

「解きたい問題」によって適切な「活性化関数」を選ぶことが必要になります。

《最大プーリング》
```
h_pool1 = max_pool_2x2(h_conv1)
```
調整の2番目は「max pooling」です。

関数名が表わす「2x2」の「最大プーリング」とは、領域「2x2」に対して最大のものを選択する処理です。

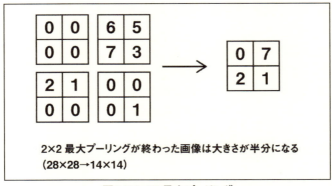

図3-2.fig10 最大プーリング

3-2 熟練者のための「手書き数字認識」(DeepMNIST)

　「プーリング」には、「情報を圧縮」する効果があります。
　この「プーリング」の処理を単独で「1層」と数える場合もあります。
　しかし、「プーリング」は「畳み込み」のすぐ後で使う場合が多く、ここでは合わせて「1層」としてしまいましょう。

　ここで、コードは「次の層」の定義へと移ります。

《もう一度畳み込み》
```
# 2nd layer
W_conv2 = weight_variable([5, 5, 32, 64])
b_conv2 = bias_variable([64])

h_conv2 = tf.nn.relu(conv2d(h_pool1, W_conv2) + b_conv2)
h_pool2 = max_pool_2x2(h_conv2)
```

　1層目と同じようなコードが出てきました。
　そうです。もう一度、「畳み込み」をします。

　先ほどと変わった点は、
```
W_conv2 = weight_variable([5, 5, 32, 64])
b_conv2 = bias_variable([64])
```
の**(32,64)**と b_conv2の**[64]**ですね。
　1行目は「5x5x32のフィルタが64個ある」と言い換えられます。
　2行目は「バイアスが64個ある」という意味です。

`conv2d(h_pool1, W_conv2) + b_conv2`
　上のコードにより、この「3次元のフィルタ」を適用した結果だけ言いますと、「特徴画像」が「32枚」から「64枚」に増えます。

第3章　画像処理

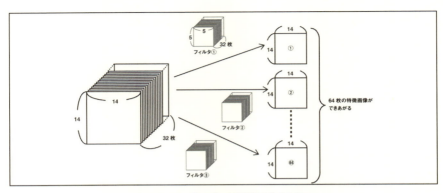

図3-2.fig11「64枚の特徴画像」を作る

「3次元フィルタ」の適用方法は、基本的に「2次元」のときと同じです。

「3次元」なので少し説明しづらいですが…例として「5x5」の「RGB画像」、つまり「5x5x3」の画像に「3x3x3」のフィルタを適用してみますと、

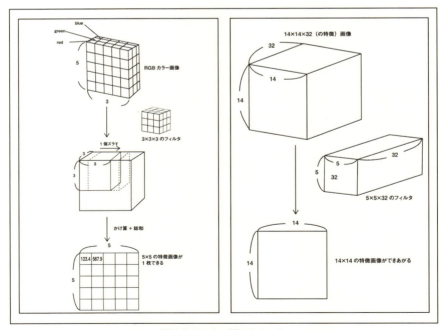

図3-2.fig12　図3-2.fig13

3-2 熟練者のための「手書き数字認識」(DeepMNIST)

「64枚」の「特徴画像」が出来上がることが分かったと思います。
この「64枚」に「1層目」と同様にして「ReLU関数」と「2x2最大プーリング」を適用します。

結果、「7x7」の「特徴画像」が64枚できます。

《全結合層》

```
# 3rd layer
W_fc1 = weight_variable([7 * 7 * 64, 1024])
b_fc1 = bias_variable([1024])

h_pool2_flat = tf.reshape(h_pool2, [-1, 7*7*64])
h_fc1 = tf.nn.relu(tf.matmul(h_pool2_flat, W_fc1) + b_fc1)
```

「3層目」は「全結合層」と呼ばれます。この層は、「次元削減」を行ないます。

これまで抽出した特徴は「高次元」の「7x7x64」であるわけですが、最終的に得たいのは「0〜9」までの「10」分類です。
いきなり「7x7x64」を「10」にするのも手ですが、それでは急すぎてせっかく「抽出した特徴」を失ってしまうかもしれません。

そこで、まずは「7x7x64」の「特徴」を「1024」分類まで落とします。

```
h_pool2_flat = tf.reshape(h_pool2, [-1, 7*7*64])
```
前の層で得られた「7x7x64」を平らにします。[1,3136]のベクトルにします。

```
h_fc1 = tf.nn.relu(tf.matmul(h_pool2_flat, W_fc1) + b_fc1)
```
「行列の掛け算」を行ない、バイアスを足してから「ReLU関数」に入力します。
得られるのは「1行1024列」の行列です。

第3章　画像処理

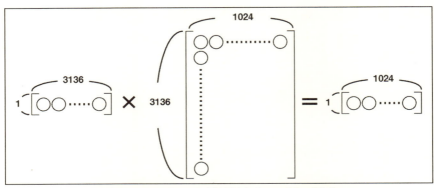

図3-2.fig14 得られた「特徴」を「1024」まで削減

《ドロップ・アウト》

```
#Drop out
keep_prob = tf.placeholder("float")
h_fc1_drop = tf.nn.dropout(h_fc1, keep_prob)
```

「ドロップ・アウト」と呼ばれる操作ですが、ここでは気にしなくていいです。

入力と「同じ数」「同じ形」の出力をします。

後で説明します。

《「10分類」まで落とす》

```
W_fc2 = weight_variable([1024,10])
b_fc2 = bias_variable([10])
y_conv=tf.nn.softmax(tf.matmul(h_fc1_drop, W_fc2) + b_fc2)
```

得られた「1024」の分類をさらに「10分類」まで落とします。

[3-1]と同じように「ソフトマックス関数」により、総和が「1」になるように確率っぽく直します。

これで、「0の確率はy[0]%、1の確率はy[1]%、2の確率はy[2]%、…9の確率はy[9]%」という結果を出力することができました。

3-2 熟練者のための「手書き数字認識」(DeepMNIST)

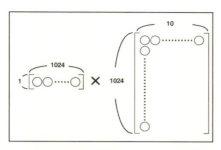

図3-2.fig15 「1024」の分類をさらに「10分類」まで落とす

《「誤差関数」と「確率的勾配降下」の手法を指定》

```
cross_entropy = -tf.reduce_sum(y_*tf.log(y_conv))
train_step = tf.train.AdamOptimizer(1e-4).minimize(cross_entropy)
```

「誤差関数」と「確率的勾配降下」の手法を指定します。

あとは「正解データ」を与えて学習をさせれば、今まで定義したすべてのパラメータをプログラムが自動で学習してくれます。

「5x5x1」の「32枚のフィルタ」や、「5x5x32」の「64つのフィルタ」、そして全結合の「1024の素子」など、のすべてです。

《正解の判断と「ニューラル・ネットワーク」の精度を定義》

```
correct_prediction = tf.equal(tf.argmax(y_conv,1),tf.argmax(y_,1))
accuracy = tf.reduce_mean(tf.cast(correct_prediction, "float"))
```

テスト画像を入力したときに、正解かどうか判断する「correct_prediction」と「ニューラル・ネットワーク」の精度を表わす「accuracy」を定義します。

《作ったモデルを保存》

```
saver = tf.train.Saver()
```

作ったモデルを保存するための「saver」を用意します。

この後で「saver.save()関数」を実行すると、学習したパラメータを保存できます。

《「テスト画像」を入力した結果を表示》

```
for i in range(20000):
  batch = mnist.train.next_batch(50)
  if i%100 == 0:
    train_accuracy = accuracy.eval(feed_dict={
       x:batch[0], y_: batch[1], keep_prob: 1.0})
    print "step %d, training accuracy %g"%(i, train_accuracy)
  train_step.run(feed_dict={x: batch[0], y_: batch[1], keep_prob: 0.5})

print "test accuracy %g"%accuracy.eval(feed_dict={
  x: mnist.test.images, y_: mnist.test.labels, keep_prob: 1.0})
```

20000回学習し、「テスト画像」を入力した結果を表示します。

ここの「**keep_prob**」という値は「ドロップ・アウト」に関係する数値です。

《保存してセッションを閉じる》

```
saver.save(sess, "model.ckpt")

sess.close()
```

保存してセッションを閉じます。

この保存した「ckpt」の使い方については [4-4-3] で説明しているので、そちらを読んでください。

*

このコードを実行してみてください。

処理が多くなりましたので、時間がかかります。

あまり時間をかけたくない方は「step数」を「20000」から減らしてみてください。

参考までに筆者のノートPCでは80分かかりました。

「10000」であれば40分ですみます。

公式チュートリアルでは「20000回」ですが、収束の度合いを見る限り、

3-2 熟練者のための「手書き数字認識」(DeepMNIST)

「10000回」でもそれなりの精度は出ます。
「20000回」学習したものは「約99.2%」の精度が出ます。

■ ドロップ・アウト

説明を後回しにしたコードがありました。

```
#Drop out
keep_prob = tf.placeholder("float")
h_fc1_drop = tf.nn.dropout(h_fc1, keep_prob)
```

この「ドロップ・アウト」には「過学習」を抑制する効果があります。
＊
「過学習」とは、学習した「ニューラル・ネットワーク」が学習元のデータセットに適応しすぎてしまい、「テストデータ」や「実運用」のときの画像に対して精度が落ちてしまうことを言います。
その原因の1つとして、当該「ニューラル・ネットワーク」の「表現力が高すぎる」ことが挙げられます。
表現力が高いことは良いことのようにも思えますが、逆に精度が落ちてしまう原因にもなります。

「近似」には、「ノイズ」がつきものです。
たとえば、以下のような「2次空間上」のデータセット「y=f(x)」で近似するとします。

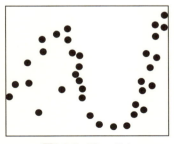

図3-2.fig16 y=f(x)

第3章　画像処理

期待するのは、以下のような「近似結果」です。

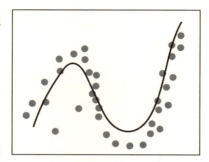

図3-2.fig17 期待する結果

「y=ax^3+bx^2+cx+d」で「a」から「d」の4つのパラメータを学習し近似すれば、期待した通りに近似できそうですね。
では、表現力の高い、たとえば「シグモイド関数」を「10000個」など使った関数で近似すると、どうなるでしょうか。

どうなるかというと、「表現力が高い」がゆえに「ノイズ」のプロットも忠実に表現できてしまいます。

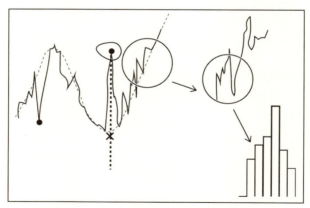

図3-2.fig18 「ノイズ」も忠実に再現してしまう

拡大すると、「2-5-6.fig8」のような「ステップ関数」の連なりです。
本当は「X印」へと近似したいのに、「〇印」という答えを出してしまうのです。

3-2 熟練者のための「手書き数字認識」(DeepMNIST)

　これが「過学習」です。

＊

　極端な例を出しましたが、これが「画像分類」でも起こります。
　そして「過学習」を防ぐために「わざと表現力を落とさせる」のが、「ドロップ・アウト」になります。
　「ドロップ・アウト」は、引数に「keep_prob」をもちますが、これは「0〜1」までの数値で、「0.5」になると、ランダムに「50%をキープ」します。
　つまり、残りの「50%」のニューロンは考慮しませんし、学習の対象にもなりません。

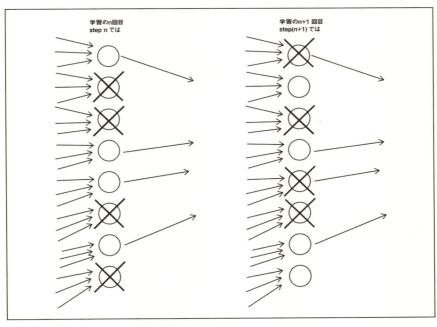

図3-2.fig19 ドロップ・アウト
＊

「ドロップ・アウト」は、人間の「忘れる」ことによく似ています。
「忘れた」後に再学習をすると賢くなるということです。

人間の脳は、勉強をするとき、1回の勉強で終わらずに2日後や1週間後少し内容を忘れたころに勉強し直すと、記憶が定着しやすいという研究結果もあります。

> カナダのウォータルー大学の研究結果
> https://uwaterloo.ca/campus-wellness/curve-forgetting

*

「keep_prob」を指定する行は学習のループの中の以下の行です。

《50%のニューロンをキープ》

```
train_step.run(feed_dict={x: batch[0], y_: batch[1], keep_prob: 0.5})
```

「keep_prob:0.5」とすることで、「50%のニューロン」をキープし、残りを考慮せずに学習します。

具体的には、「全結合層」の次に「ドロップ・アウト」を入れたので、「1024個のニューロン」のうち、「512個のニューロン」のみを使い、学習をします。

《テストの結果を確認》

```
print "test accuracy %g"%accuracy.eval(feed_dict={
  x: mnist.test.images, y_: mnist.test.labels, keep_prob: 1.0})
```

テストの結果を確認するときは、すべてのニューロンを使いたいので、「keep_prob: 1.0」としています。

*

以上で、「畳み込みニューラル・ネットワーク」の説明を終わります。

3-3 「一般物体認識」で「イヌ」「ネコ」「車」を分類！(Inception-v3)

「Inception-v3」は、2014年に画像認識の競技会「ILSVRC」の分類問題で優勝した「GoogLeNet」の改良版です。「CNN」の最高峰と言えるでしょう。

「TensorFlow」にはこの学習済みモデルが用意されており、すぐに試すことができます。

*

まずは、「Inception-v3」が含まれる「サンプル・コード」のセットをダウンロードしましょう。

任意のディレクトリで、以下のコマンドを実行してください。

```
git clone https://github.com/tensorflow/models.git
```

> ※最新のコードをダウンロードするため、「TensorFlow」も最新バージョンでないと動かない場合があります。
> 動かなかったら最新バージョンを以下のコマンドでインストールしましょう。
> ```
> pip install tensorflow -U
> ```

「Inception-v3」のコード「classify_image.py」が置いてあるディレクトリに移動します。

```
$ cd models/tutorials/image
```

《「学習ずみモデル」をダウンロード》

```
$ python classify_image.py
```

上記コマンドを実行すると、「学習ずみモデル」をダウンロードします。
すると、ダウンロード後にサンプルの「パンダの画像」を入力して、分類をします。

第3章 画像処理

```
giant panda, panda, panda bear, coon bear, Ailuropoda melanoleuca
(score = 0.88493)
indri, indris, Indri indri, Indri brevicaudatus (score = 0.00878)
lesser panda, red panda, panda, bear cat, cat bear, Ailurus fulgens
(score = 0.00317)
custard apple (score = 0.00149)
earthstar (score = 0.00127)
```

いかがでしょうか。この結果は実行環境や、「Inception-v3」のバージョンによって、微妙に異なる場合があります。

以下のコマンドで、「指定した画像」を「分類」させることができます。

《指定した画像を分類》

```
$ python classify_image.py --image_file <画像のパス>
```

＊

では、試しに3つの画像を分類してみましょう。

Google検索で、「ラブラドール・レトリバー」と検索し、「画像」をクリックし、ツールをクリックして、サイズの項から「中」を選び、ライセンスの項から「改変後の再使用が許可された画像」を選びます。

これで、「著作権フリー」の画像が手に入ります。

＊

最初ですし、「正解」を出したいので「犬の一部分」ではなく「全身」が写っている画像を選びます。特に「頭」は重要でしょう。

この本を書いているときには4番目にありました。「https://pixabay.com/p-862938/?no_redirect」です。

「classify_image.py」が置いてあるディレクトリに「test1.jpg」として保存しましょう。

3-3 「一般物体認識」で「イヌ」「ネコ」「車」を分類！(Inception-v3)

```
$ python classify_image.py --image_file test1.jpg
```
と、コマンドを実行します。
　すると、
```
Labrador retriever (score = 0.87562)
golden retriever (score = 0.02236)
Rhodesian ridgeback (score = 0.02157)
Chesapeake Bay retriever (score = 0.00930)
English foxhound (score = 0.00307)
```

　筆者の環境で、「labrador retriever」と出ました。しっかりと「種類」まで認識できています。

*

　次に「三毛猫」で検索してみると、いちばん前にこの画像が出てきました。

https://pixabay.com/p-1763057/?no_redirect

　同様にして、「test2.jpg」として保存し、画像分類をしてみます。
```
tabby, tabby cat (score = 0.71002)
tiger cat (score = 0.12874)
Egyptian cat (score = 0.07516)
doormat, welcome mat (score = 0.00543)
Cardigan, Cardigan Welsh corgi (score = 0.00181)
```

　筆者の環境では「tabby cat」と出ました。しっかり正解が出たかと思いましたが、これは「トラネコ」でした。「三毛猫」は「calico cat」。
　しかし「トラネコ」を調べてみると、「三毛猫」と似ています。「Inception-v3」も間違えることはあるようです。
　ただ、「猫」ということはしっかりと認識できていますね。

第3章　画像処理

最後に、「ハチロク」で調べてみます。
トヨタの車が出てきました。

```
https://upload.wikimedia.org/wikipedia/commons/5/57/Ae86_tureno.jpg
```

同様にして、画像分類をしてみると、

```
racer, race car, racing car (score = 0.72856)
car wheel (score = 0.06572)
sports car, sport car (score = 0.06558)
beach wagon, station wagon, wagon, estate car, beach waggon, station
waggon, waggon (score = 0.05173)
limousine, limo (score = 0.00995)
```

「racing car」と分類されました。調べてみると、「ハチロク」はスポーツカーです。しかし、画像元のWikipediaをよくよく読んでみると、画像の説明に「頭文字D藤原豆腐店仕様AE86 3ドア」とありました。

「頭文字D」はカーレース漫画なので、間違いではないかもしれませんね。

この画像にヘルメット被ったレーサーが乗り込んでいることも影響している可能性があります。
（データセットの「racing car」にもレーサーが乗り込んでいる画像が多数あると推測できます）

ただし、「元データセット」は、車のニックネームまではタグ付けしていなかったようです。

> ※この「Inception-v3」のコードですが、難しすぎるのでここでは紹介しません。（この本は入門書ですので、と言い訳しておきます）。

その複雑さが分かる図を見ましょう。

3-3 「一般物体認識」で「イヌ」「ネコ」「車」を分類！(Inception-v3)

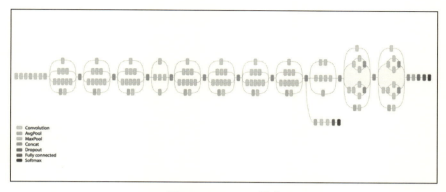

図3-3.Inceptionの構造
https://research.googleblog.com/2016/03/train-your-own-image-classifier-with.html

「約40層」の「ニューラル・ネットワーク」です。小さい四角の1つ1つが「畳み込み」や「プーリング」、その他の機能をもった層になります。

これだけ深い、「ディープな」「ニューラル・ネットワーク」になると、学習にもそれなりのスペックをもったマシンとそれなりの時間を要します。
　25万円のGPU(NVIDIAのTITAN X)を搭載したPCで5日ほどかかります。

参考にしたページはこちらになります。

https://qiita.com/shouta-dev/items/5aa4a746b31b9be4838d

第4章

GPU環境構築

ここでは、「GPUの環境構築」を説明します。
なぜかというと、これ以降の実用的な「ニューラル・ネットワーク」(もちろん「Inception-v3」を含みます)というのは、GPU無しでは学習に時間がかかりすぎるからです。
そのせいで、「MNIST」の「熟練者用チュートリアル」や「高次関数の近似」を行なった際にイライラした方もいると思います。
GPUをPCに搭載すれば、数十倍かそれ以上に学習を速くすることができます。
私のもつ4年前のGPUですら、CPUのみで学習するよりも15倍から20倍の速度で学習ができました。

*

今後紹介するコードの実行を円滑にするために、この章では「GPUの環境構築」を行ないます。

第4章　GPU環境構築

4-0　「GPU」とは

　「GPU」(Graphics Processing Unit)とは、「並列処理」を行なうことで高速に画像処理ができる演算装置です。

　その名の通り、主に「グラフィックス」の分野で使われてきました。「ゲーム」や「映画の3D映像」の作成などです。
　私が所有しているGPUも「PCゲーム」のために買ったものです。
　ゲームの3Dグラフィックは細かな「三角形」の組み合わせで出来ています。最新の美麗グラフィックを謳うゲームでは、この無数にある三角形の頂点、そしてそれにのせる「ピクセル・データ」がリアルタイムに動くことになります。
　それらの計算を並列に行なうことができるのが「GPU」です。

　そのように「3Dグラフィック」のために作られた「GPU」ですが、それを「科学計算」に応用できます。
　「機械学習」の分野では「ニューラル・ネットワーク」のもつ、大量のパラメータを並列に調整することで、学習にかかる時間を大幅に減らすことができます。

*

　GPUは「NVIDIA製」を前提とします。
　GPUは他のPCパーツと同じように、どんどん最新のものが出てきます。
　目安として、最新のゲーミングGPUが10万円以上、ランクの1～2つ下がったものが6万円程度でしょうか。
　自分の予算と用途に応じて、適切なものを選びましょう。

　「自動運転」の研究などで使われる「GPU」は、高価すぎてキリがありません。

4-1 「Ubuntu」に「CUDA」をインストール

[参考] http://qiita.com/yukoba/items/3692f1cb677b2383c983

　「CUDA」を導入します。
　「CUDA」は、「GPU」をゲームだけでなく、「汎用計算」にも使うための「統合開発環境」です。

　「CUDA8.0」の導入を例に説明します。

《パッケージの更新》
```
$ sudo apt update
$ sudo apt upgrade
```
　「apt」で、インストールできるパッケージの更新をします。

```
$ wget http://developer.download.nvidia.com/compute/cuda/repos/ubuntu1604/x86_64/7fa2af80.pub
$ cat 7fa2af80.pub | sudo apt-key add -

$ wget http://developer.download.nvidia.com/compute/cuda/repos/ubuntu1604/x86_64/cuda-repo-ubuntu1604_8.0.44-1_amd64.deb
$ sudo dpkg -i cuda-repo-ubuntu1604_8.0.44-1_amd64.deb
```
　NVIDIA公式から「deb パッケージ」をダウンロードします。
https://developer.nvidia.com/cuda-downloads

第4章　GPU環境構築

《インストール》
```
$ sudo apt update
$ sudo apt install linux-generic
$ sudo apt install cuda nvidia-367
$ sudo reboot
$ sudo apt remove linux-virtual
$ sudo apt autoremove
```
上記コマンドでインストールします。

《不要なファイルを削除》
```
rm 7fa2af80.pub cuda-repo-ubuntu1604_8.0.44-1_amd64.deb
```
インストール後、不要なファイルを削除します。

その後、「~/.bashrc」の末尾にこれを追加する必要があります
```
$ export PATH="/usr/local/cuda-8.0/bin:$PATH"
$ export LD_LIBRARY_PATH="/usr/local/cuda-8.0/lib64:$LD_LIBRARY_PATH"
```

4-2 「Ubuntu」に「cuDNN」をインストール

　「cuDNN」は、NVIDIAが公開している「Deep Learning」用のライブラリです。

　ここでは、「cuDNN 5.1」を例にインストール方法を紹介します。

[1] NVIDIAのサイトからダウンロードします。

```
https://developer.nvidia.com/rdp/cudnn-download
```

の「Download cuDNN v5.1 (August 10, 2016), for CUDA 8.0」の「cuDNN v5.1 Library for Linux」をダウンロードします。

[2] ダウンロードした「tgzファイル」があるディレクトリで、以下のコマンドを実行します。

```
$ tar xzf cudnn-8.0-linux-x64-v5.1.tgz
$ sudo cp -a cuda/lib64/* /usr/local/lib/
$ sudo cp -a cuda/include/* /usr/local/include/
$ sudo ldconfig
$ rm -R -f cuda cudnn-8.0-linux-x64-v5.1.tgz
```

　「cuDNN 4 ～ 7.0」は、ファイル名が違うだけで、インストール方法は同じです。

```
$ sudo apt autoremove
$ sudo apt clean
```

[3] インストール時に生成された、今はもう不要なファイルを削除するなどして、整理します。

*

　以上で、GPU環境の導入は終了です。

第4章　GPU環境構築

バージョンと「cuDNN」の組み合わせは基本的に最新のものが良いです。

しかし実際、購入したGPUハードウェアとの相性や「TensorFlow」のバージョンとの相性もあります。

私の環境では、1、2回別のバージョンをトライして、(GPUが古いというのもあると思いますが)「CUDA8.0」と「cuDNN5.1」の組み合わせに落ち着きました。

＊

上記のようにコマンドを実行していく中で、エラーメッセージが出ることもあると思います。

そのときは、悩まずにエラーメッセージをコピペして検索することをお勧めします。

Linuxの強みは、エラーが出ても「過去に誰かが同じ問題に直面し、解決している」ことです。

「Stack Overflow」「Qiita」「teratail」その他個人のブログなどに答が見つかるでしょう。

他人任せになってしまい申し訳ありませんが、無数の環境がある今の時代はこれが現実的な解決策です。

4-3 「TensorFlow-GPU」のインストール

「TensorFlow」を「GPU版」にします。

```
$ pip install tensorflow-gpu==1.0
```

ここでは、バージョン「1.0」をインストールします。

「GPU版」が用意されているのは「0.12」からです。

https://stackoverflow.com/questions/44405776/unable-to-install-v0-11-0-tensorflow-gpu

正式版「1.0」において「0.11」のときに書いたコードを実行しても、最新版にコードを直すように促すWarningが出るものの、プログラム自体は動きます。

インストールが終わったら、今までのチュートリアルを動かしてみてください。
筆者の古いGPUでも処理速度が20倍になりました。

これでさらに層を増やした「ニューラル・ネットワーク」の学習がストレスなく進められます。

4-4 自分で作った「データセット」を使い認識させる！

[参考]
http://kivantium.hateblo.jp/entry/2015/11/18/233834

いよいよ、自分が集めた画像を「ニューラル・ネットワーク」に覚えさせて、分類します。

---

[1]まずは**開発環境**から。これからjpg画像を扱うので、画像処理が得意なライブラリをインストールします。
　「OpenCV」というライブラリです。「Ubuntu16.04LTS」で「Python2.7系」を使っている場合、以下のコマンドでインストールできます。
（他の環境ではこう簡単にはいきません）。

```
$ sudo apt-get install libopencv-dev
$ sudo apt-get install python-opencv
```

[2]次に、コードをダウンロードします。
　「git」を使うか、URLからダウンロードしてください。

```
$ git clone -b v100 https://github.com/jintaka1989/TensorFlowAnyClassification.git
```

https://github.com/jintaka1989/TensorFlowAnyClassification/tree/v100

[3]**集めた画像をフォルダ分け**します。
　たとえば、「class0(分類0)はネコ」「class1はイヌ」「class2はブタ」のような感じです。

　以下のように「testフォルダ」と「trainフォルダ」に分け、さらに分類ごとに画像を保存していきます。

※ここでは省略していますが、一つの分類につき、数千枚が理想です。

4-4 自分で作った「データセット」を使い認識させる

*

最初の勉強としてプログラムを動かす場合は精度を求めなくていいので、各分類「train20枚」「test5枚」ほどで試してみましょう。

例では6分類なので、「trainフォルダに20*6分類の120枚」、「testフォルダに5*6分類の30枚」というような感じです。

```
////////////////For Example//////////////////
data_set
├── test
│   ├── class0
│   │   ├── search.jpg
│   │   ├── th_4.jpg
│   │   └── th_5.jpg
│   ├── class1
│   │   ├── search.jpg
│   │   ├── search_2.jpg
│   │   └── th_8.jpg
│   ├── class2
│   │   ├── search.jpg
│   │   ├── search_2.jpg
│   │   └── th_6.jpg
│   ├── class3
│   │   ├── search.jpg
│   │   ├── search_2.jpg
│   │   └── th_7.jpg
│   ├── class4
│   │   ├── th.jpg
│   │   ├── th_10.jpg
│   │   └── th_9.jpg
│   └── class5
│       ├── imgres.jpg
│       ├── imgres_2.jpg
│       └── imgres_8.jpg
```

第4章　GPU環境構築

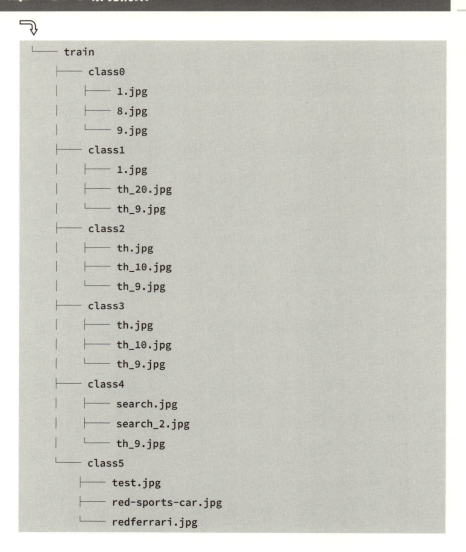

```
└── train
    ├── class0
    │   ├── 1.jpg
    │   ├── 8.jpg
    │   └── 9.jpg
    ├── class1
    │   ├── 1.jpg
    │   ├── th_20.jpg
    │   └── th_9.jpg
    ├── class2
    │   ├── th.jpg
    │   ├── th_10.jpg
    │   └── th_9.jpg
    ├── class3
    │   ├── th.jpg
    │   ├── th_10.jpg
    │   └── th_9.jpg
    ├── class4
    │   ├── search.jpg
    │   ├── search_2.jpg
    │   └── th_9.jpg
    └── class5
        ├── test.jpg
        ├── red-sports-car.jpg
        └── redferrari.jpg
```

4-4 自分で作った「データセット」を使い認識させる

[4] それぞれの画像にタグをつけます。

今回はシンプルに「テキスト・ファイル」を使います。

「data_set」ディレクトリ以下には「train.txt」と「test.txt」という画像に正解タグを紐づけるためのファイルがあります。

```
■ data_set
  -train.txt
    ・この中に画像パスを書きます
    ・分類IDを書きます(class0の「0」の部分です)
    ・改行します
    ・例は以下になります
--------train.txt-----------
data_set/test001.jpeg 0
data_set/test002.jpeg 1
data_set/test003.jpeg 2
data_set/test004.jpeg 3
---------------------------
  -test.txt
    ・train.txtと同じようにパスとタグの組み合わせを記入します。
```

これで、「データセット」の作成は終わりです。

とは言っても、テキストファイルに一行ずつ組み合わせを書くのは大変な作業になります。

したがって、ここも自動化しました。

さらに、学習しモデルを作って、そのモデルを使ってテストするところまでも自動化します。

以下のコマンドでスクリプトを動かせば、最後までやってくれます。

```
python main.py
```

*

第4章　GPU環境構築

　さて、この本はコードを通して「TensorFlow」を理解することを目指していますので、これから詳細を説明します。

　ただし、「ラベル付け」を学ぶ場ではないので、「TensorFlow」に関するところだけを説明します。
　ざっくりいうと、以下の部分です。
①テキストファイルに記入されたラベルを読み取る。
②画像とタグのセットを教師データとして「TensorFlow」で学習する。
③学習したモデルを使う。

[4-4-1] テキストファイルに記入されたラベルを読み取り、画像とタグのセットを「TensorFlow」に渡す

　「Python」には、「設定ファイル」の機能が用意されています。
　複数のPythonスクリプトで共通の値を使う場合に「設定ファイル」を記入しましょう。

●設定ファイル「config.ini」

```
# -*- coding: utf-8 -*-
# 設定ファイル

[settings]
# 画像を分類するときの分類数
num_classes = 6
download_limit = 30
# 4の倍数を設定すること
image_size = 28
```

《「分類数」を設定》

```
num_classes = 6
```

　「分類数」を設定します。

4-4　自分で作った「データセット」を使い認識させる

```
download_limit = 30
```

　これはおまけの他の「pyファイル」(画像収集スクリプト)で使う値です。無視してください。

《「イメージ・サイズ」を指定》

```
image_size = 28
```

　「イメージ・サイズ」を指定します。
　どんな大きさの画像を読み込んでも、このサイズに縮小や拡大して「ニューラル・ネットワーク」に入力することになります。
　「プーリング処理」や「パディング」をする関係で、「4」の倍数でなければなりません。

＊

　次に、「read_data.py」ではデータを読み込み、学習をします。
　これを実行すると、「models/model.ckpt」を保存できます。
　これは「use_model.py」を実行するときに必要になります。

　全文は以下のようになっています。

●read_data.py
```
# -*- coding: utf-8 -*-
import sys
import cv2
import numpy as np
import tensorflow as tf
import tensorflow.python.platform

# read config.ini
import ConfigParser
inifile = ConfigParser.SafeConfigParser()
inifile.read('./config.ini')
NUM_CLASSES = int(inifile.get("settings", "num_classes"))
DOWNLOAD_LIMIT = int(inifile.get("settings", "download_limit"))
```

第4章　GPU環境構築

```python
IMAGE_SIZE = int(inifile.get("settings", "image_size"))
# カラー画像だから*3
IMAGE_PIXELS = IMAGE_SIZE*IMAGE_SIZE*3


flags = tf.app.flags
FLAGS = flags.FLAGS
flags.DEFINE_string('save_model', 'models/model.ckpt', 'File name of model data')
flags.DEFINE_string('train', 'data_set/train.txt', 'File name of train data')
flags.DEFINE_string('test', 'data_set/test.txt', 'File name of test data')
flags.DEFINE_string('train_dir', '/tmp/pict_data', 'Directory to put the data_set data.')
flags.DEFINE_integer('max_steps', 201, 'Number of steps to run trainer.')
flags.DEFINE_integer('batch_size', 256, 'Batch size'
                     'Must divide evenly into the dataset sizes.')
flags.DEFINE_float('learning_rate', 1e-4, 'Initial learning rate.')

def inference(images_placeholder, keep_prob):
    # 重みを標準偏差0.1の正規分布で初期化
    def weight_variable(shape):
      initial = tf.truncated_normal(shape, stddev=0.1)
      return tf.Variable(initial)
    # バイアスを標準偏差0.1の正規分布で初期化
    def bias_variable(shape):
      initial = tf.constant(0.1, shape=shape)
      return tf.Variable(initial)
    # 畳み込み層の作成
    def conv2d(x, W):
      return tf.nn.conv2d(x, W, strides=[1, 1, 1, 1], padding='SAME')
    # プーリング層の作成
```

4-4 自分で作った「データセット」を使い認識させる

```python
    def max_pool_2x2(x):
      return tf.nn.max_pool(x, ksize=[1, 2, 2, 1],
                            strides=[1, 2, 2, 1], padding='SAME')
    # 入力をIMAGE_SIZExIMAGE_SIZEx3に変形
    x_images = tf.reshape(images_placeholder, [-1, IMAGE_SIZE, IMA
GE_SIZE, 3])
    # 畳み込み層1の作成
    with tf.name_scope('conv1') as scope:
        W_conv1 = weight_variable([5, 5, 3, 32])
        b_conv1 = bias_variable([32])
        h_conv1 = tf.nn.relu(conv2d(x_images, W_conv1) + b_conv1)
    # プーリング層1の作成
    with tf.name_scope('pool1') as scope:
        h_pool1 = max_pool_2x2(h_conv1)
    # 畳み込み層2の作成
    with tf.name_scope('conv2') as scope:
        W_conv2 = weight_variable([5, 5, 32, 64])
        b_conv2 = bias_variable([64])
        h_conv2 = tf.nn.relu(conv2d(h_pool1, W_conv2) + b_conv2)
    # プーリング層2の作成
    with tf.name_scope('pool2') as scope:
        h_pool2 = max_pool_2x2(h_conv2)
    # 全結合層1の作成
    with tf.name_scope('fc1') as scope:
        W_fc1 = weight_variable([(IMAGE_SIZE/4)*(IMAGE_SIZE/4)*64, 1024])
        b_fc1 = bias_variable([1024])
        h_pool2_flat = tf.reshape(h_pool2, [-1, (IMAGE_SIZE/4)*(IMA
GE_SIZE/4)*64])
        h_fc1 = tf.nn.relu(tf.matmul(h_pool2_flat, W_fc1) + b_fc1)
        # dropoutの設定
        h_fc1_drop = tf.nn.dropout(h_fc1, keep_prob)
    # 全結合層2の作成
```

```python
    with tf.name_scope('fc2') as scope:
        W_fc2 = weight_variable([1024, NUM_CLASSES])
        b_fc2 = bias_variable([NUM_CLASSES])
    # ソフトマックス関数による正規化
    with tf.name_scope('softmax') as scope:
        y_conv=tf.nn.softmax(tf.matmul(h_fc1_drop, W_fc2) + b_fc2)
    return y_conv

def loss(logits, labels):
    cross_entropy = -tf.reduce_sum(labels*tf.log(tf.clip_by_value(logits,1e-10,1.0)))
    tf.scalar_summary("cross_entropy", cross_entropy)
    return cross_entropy

def training(loss, learning_rate):
    train_step = tf.train.AdamOptimizer(learning_rate).minimize(loss)
    return train_step

def accuracy(logits, labels):
    correct_prediction = tf.equal(tf.argmax(logits, 1), tf.argmax(labels, 1))
    accuracy = tf.reduce_mean(tf.cast(correct_prediction, "float"))
    tf.scalar_summary("accuracy", accuracy)
    return accuracy

if __name__ == '__main__':
    # ファイルを開く
    with open(FLAGS.train, 'r') as f: # train.txt
        train_image = []
        train_label = []
        for line in f:
            line = line.rstrip()
```

4-4 自分で作った「データセット」を使い認識させる

```python
        l = line.split()
        img = cv2.imread(l[0])
        img = cv2.resize(img, (IMAGE_SIZE, IMAGE_SIZE))
        train_image.append(img.flatten().astype(np.float32)/255.0)
        tmp = np.zeros(NUM_CLASSES)
        tmp[int(l[1])] = 1
        train_label.append(tmp)
    train_image = np.asarray(train_image)
    train_label = np.asarray(train_label)
    train_len = len(train_image)

    with open(FLAGS.test, 'r') as f: # test.txt
        test_image = []
        test_label = []
        for line in f:
            line = line.rstrip()
            l = line.split()
            img = cv2.imread(l[0])
            img = cv2.resize(img, (IMAGE_SIZE, IMAGE_SIZE))
            test_image.append(img.flatten().astype(np.float32)/255.0)
            tmp = np.zeros(NUM_CLASSES)
            tmp[int(l[1])] = 1
            test_label.append(tmp)
        test_image = np.asarray(test_image)
        test_label = np.asarray(test_label)
        test_len = len(test_image)

    with tf.Graph().as_default():
        images_placeholder = tf.placeholder("float", shape=(None, IMAGE_PIXELS))
        labels_placeholder = tf.placeholder("float", shape=(None, NUM_CLASSES))
```

```python
        keep_prob = tf.placeholder("float")

        logits = inference(images_placeholder, keep_prob)
        loss_value = loss(logits, labels_placeholder)
        train_op = training(loss_value, FLAGS.learning_rate)
        acc = accuracy(logits, labels_placeholder)

        saver = tf.train.Saver()
        sess = tf.Session()
        sess.run(tf.initialize_all_variables())
        summary_op = tf.merge_all_summaries()
        summary_writer = tf.train.SummaryWriter(FLAGS.train_dir,
sess.graph_def)

        # 訓練の実行
        if train_len % FLAGS.batch_size is 0:
            train_batch = train_len/FLAGS.batch_size
        else:
            train_batch = (train_len/FLAGS.batch_size)+1
            print "train_batch = "+str(train_batch)
        for step in range(FLAGS.max_steps):
            for i in range(train_batch):
                batch = FLAGS.batch_size*i
                batch_plus = FLAGS.batch_size*(i+1)
                if batch_plus > train_len: batch_plus = train_len
                # feed_dictでplaceholderに入れるデータを指定する
                sess.run(train_op, feed_dict={
                  images_placeholder: train_image[batch:batch_plus],
                  labels_placeholder: train_label[batch:batch_plus],
                  keep_prob: 0.5})

            if step % 10 == 0:
```

4-4 自分で作った「データセット」を使い認識させる

```
                train_accuracy = 0.0
                for i in range(train_batch):
                    batch = FLAGS.batch_size*i
                    batch_plus = FLAGS.batch_size*(i+1)
                    if batch_plus > train_len: batch_plus = train_len
                    train_accuracy += sess.run(acc, feed_dict={
                        images_placeholder: train_image[batch:bat
ch_plus],
                        labels_placeholder: train_label[batch:bat
ch_plus],
                        keep_prob: 1.0})
                    if i is not 0: train_accuracy /= 2.0
                # 10 step終わるたびにTensorBoardに表示する値を追加する
                #summary_str = sess.run(summary_op, feed_dict={
                #    images_placeholder: train_image,
                #    labels_placeholder: train_label,
                #    keep_prob: 1.0})
                #summary_writer.add_summary(summary_str, step)
                print "step %d, training accuracy %g"%(step, train_
accuracy)

    if test_len % FLAGS.batch_size is 0:
        test_batch = test_len/FLAGS.batch_size
    else:
        test_batch = (test_len/FLAGS.batch_size)+1
        print "test_batch = "+str(test_batch)
    test_accuracy = 0.0
    for i in range(test_batch):
        batch = FLAGS.batch_size*i
        batch_plus = FLAGS.batch_size*(i+1)
        if batch_plus > train_len: batch_plus = train_len
        test_accuracy += sess.run(acc, feed_dict={
```

第4章　GPU環境構築

```
                    images_placeholder: test_image[batch:batch_plus],
                    labels_placeholder: test_label[batch:batch_plus],
                    keep_prob: 1.0})
        if i is not 0: test_accuracy /= 2.0
    print "test accuracy %g"%(test_accuracy)
    save_path = saver.save(sess, FLAGS.save_model)
```

肝のところだけを説明します。

[プログラム解説]
《設定ファイルを読み込み》

```
# read config.ini
import ConfigParser
inifile = ConfigParser.SafeConfigParser()
inifile.read('./config.ini')
NUM_CLASSES = int(inifile.get("settings", "num_classes"))
DOWNLOAD_LIMIT = int(inifile.get("settings", "download_limit"))

IMAGE_SIZE = int(inifile.get("settings", "image_size"))
# カラー画像だから*3
IMAGE_PIXELS = IMAGE_SIZE*IMAGE_SIZE*3
```

設定ファイル「config.ini」を読み込んでいます。

《学習に必要な定数を定義》

```
flags = tf.app.flags
FLAGS = flags.FLAGS
flags.DEFINE_string('save_model', 'models/model.ckpt', 'File name of model data')
flags.DEFINE_string('train', 'data_set/train.txt', 'File name of train data')
flags.DEFINE_string('test', 'data_set/test.txt', 'File name of test data')
```

4-4 自分で作った「データセット」を使い認識させる

```python
flags.DEFINE_string('train_dir', '/tmp/pict_data', 'Directory to put the data_set data.')
flags.DEFINE_integer('max_steps', 201, 'Number of steps to run trainer.')
flags.DEFINE_integer('batch_size', 256, 'Batch size'
                    'Must divide evenly into the dataset sizes.')
flags.DEFINE_float('learning_rate', 1e-4, 'Initial learning rate.')
```

学習に必要な定数を定義しています。

《「CNN」を定義》

```python
def inference(images_placeholder, keep_prob):
    # 重みを標準偏差0.1の正規分布で初期化
    def weight_variable(shape):
      initial = tf.truncated_normal(shape, stddev=0.1)
      return tf.Variable(initial)
    # バイアスを標準偏差0.1の正規分布で初期化
    def bias_variable(shape):
      initial = tf.constant(0.1, shape=shape)
      return tf.Variable(initial)
    # 畳み込み層の作成
    def conv2d(x, W):
      return tf.nn.conv2d(x, W, strides=[1, 1, 1, 1], padding='SAME')
    # プーリング層の作成
    def max_pool_2x2(x):
      return tf.nn.max_pool(x, ksize=[1, 2, 2, 1],
                            strides=[1, 2, 2, 1], padding='SAME')
    # 入力をIMAGE_SIZExIMAGE_SIZEx3に変形
    x_images = tf.reshape(images_placeholder, [-1, IMAGE_SIZE, IMAGE_SIZE, 3])
    # 畳み込み層1の作成
    with tf.name_scope('conv1') as scope:
        W_conv1 = weight_variable([5, 5, 3, 32])
        b_conv1 = bias_variable([32])
```

```python
    h_conv1 = tf.nn.relu(conv2d(x_images, W_conv1) + b_conv1)
  # プーリング層1の作成
  with tf.name_scope('pool1') as scope:
      h_pool1 = max_pool_2x2(h_conv1)
  # 畳み込み層2の作成
  with tf.name_scope('conv2') as scope:
      W_conv2 = weight_variable([5, 5, 32, 64])
      b_conv2 = bias_variable([64])
      h_conv2 = tf.nn.relu(conv2d(h_pool1, W_conv2) + b_conv2)
  # プーリング層2の作成
  with tf.name_scope('pool2') as scope:
      h_pool2 = max_pool_2x2(h_conv2)
  # 全結合層1の作成
  with tf.name_scope('fc1') as scope:
      W_fc1 = weight_variable([[(IMAGE_SIZE/4)*(IMAGE_SIZE/4)*64, 1024])
      b_fc1 = bias_variable([1024])
      h_pool2_flat = tf.reshape(h_pool2, [-1, (IMAGE_SIZE/4)*(IMAGE_SIZE/4)*64])
      h_fc1 = tf.nn.relu(tf.matmul(h_pool2_flat, W_fc1) + b_fc1)
      # dropoutの設定
      h_fc1_drop = tf.nn.dropout(h_fc1, keep_prob)
  # 全結合層2の作成
  with tf.name_scope('fc2') as scope:
      W_fc2 = weight_variable([1024, NUM_CLASSES])
      b_fc2 = bias_variable([NUM_CLASSES])
  # ソフトマックス関数による正規化
  with tf.name_scope('softmax') as scope:
      y_conv=tf.nn.softmax(tf.matmul(h_fc1_drop, W_fc2) + b_fc2)
  return y_conv
```

4-4 自分で作った「データセット」を使い認識させる

「CNN」を定義しています。

[3-2]の「CNN」と違うところは、カラー画像を扱うために、

```
x_images = tf.reshape(images_placeholder, [-1, IMAGE_SIZE, IMAGE_SIZE, 1])
```
↓
```
x_images = tf.reshape(images_placeholder, [-1, IMAGE_SIZE, IMAGE_SIZE, 3])
```
*
```
W_conv1 = weight_variable([5, 5, 1, 32])
```
↓
```
W_conv1 = weight_variable([5, 5, 3, 32])
```

など、「1」(グレースケール)から「3」(BGRカラー画像)に変更しています。

※「OpenCV」はなぜか「RGB」でなく「BGR画像」として画像を読み込みます。

3次元のフィルタの適用はすでに**[3-2]**(p.124)で学習しました。

すなわち、今回の「1層目」では、

```
# 畳み込み層1の作成
with tf.name_scope('conv1') as scope:
    W_conv1 = weight_variable([5, 5, 3, 32])
    b_conv1 = bias_variable([32])
    h_conv1 = tf.nn.relu(conv2d(x_images, W_conv1) + b_conv1)
```

「28x28x3」の画像に「5x5x3」のフィルタを適用して、32枚の特徴画像にしています。

[層の数え方]

　あとこれは細かいところで動作には関係ないですが、層の数え方が違います。

　先ほどはざっくり「3層のCNN」として紹介しましたが、「#付き」のコメントにある通り、「6層のニューラル・ネットワーク」としています。

・コメントだけ抽出

```
# 畳み込み層1の作成
# プーリング層1の作成
# 畳み込み層2の作成
# プーリング層2の作成
# 全結合層1の作成
# 全結合層2の作成
```

　この違いは設計者の考え方による違いです。

　「畳み込み」は「プーリング」とセットで使うことが多く、それを合わせて「1層」と数える設計者もいますし、最後の「全結合層2」を、「層」というよりは「出力の前準備」にすぎないと考え、「隠れ層」として数えない場合もあります。

　そもそも、「入力層」と「出力層」も数えると、正確には「+2」の「8層」になるのではないでしょうか。

　「層」の数え方は、他人に説明しやすいように、または自分が設計しやすいように設定するといいでしょう。

4-4 自分で作った「データセット」を使い認識させる

《「誤差関数」を定義》

```
def loss(logits, labels):
    cross_entropy = -tf.reduce_sum(labels*tf.log(tf.clip_by_value(logits,1e-10,1.0)))
    tf.scalar_summary("cross_entropy", cross_entropy)
    return cross_entropy
```

「誤差関数」を定義しています。

《「学習の手法」を定義》

```
def training(loss, learning_rate):
    train_step = tf.train.AdamOptimizer(learning_rate).minimize(loss)
    return train_step
```

「学習の手法」を定義しています。

MEMO

第4章　GPU環境構築

《「正解率」を計算するための関数を定義》
```
def accuracy(logits, labels):
    correct_prediction = tf.equal(tf.argmax(logits, 1), tf.argmax(labels, 1))
    accuracy = tf.reduce_mean(tf.cast(correct_prediction, "float"))
    tf.scalar_summary("accuracy", accuracy)
    return accuracy
```
「正解率」を計算するための関数を定義しています。

今まで定義した「ニューラル・ネットワーク」と「関数」を使って、学習をします。

```
if __name__ == '__main__':
```
その「Pythonスクリプト」がコマンドによって直接実行されたときのみ、この「ifブロック」に記述されたコードも実行されます。

具体的に言うと、「ifブロック」に記述されたコードは、
```
$ python xxxxx.py
```
とコマンドで実行されたときにのみ実行され、他の「Pythonスクリプト」から import された場合には実行されません。

```
import xxxxx  # if __name__ == '__main__':は実行されない
```
「if __name__ == '__main__':」は、importしたときには実行されないので、今回作成した関数を他で再利用したいときに便利です。
import するたびに時間のかかる学習が始まるのは面倒です。
　　　　　　　　　　　　　＊
では、「train.txt」を元に、「画像」と「タグ」を読み込みます。

4-4 自分で作った「データセット」を使い認識させる

《「画像」と「タグ」を読み込み》

```
# ファイルを開く
with open(FLAGS.train, 'r') as f: # train.txt
    train_image = []
    train_label = []
    for line in f:
        line = line.rstrip()
        l = line.split()
        img = cv2.imread(l[0])
        img = cv2.resize(img, (IMAGE_SIZE, IMAGE_SIZE))
        train_image.append(img.flatten().astype(np.float32)/255.0)
        tmp = np.zeros(NUM_CLASSES)
        tmp[int(l[1])] = 1
        train_label.append(tmp)
    train_image = np.asarray(train_image)
    train_label = np.asarray(train_label)
    train_len = len(train_image)
```

《「train.txt」を開く》

```
with open(FLAGS.train, 'r') as f: # train.txt
```

「train.txt」を開きます。

「withブロック」以下では「f」に「train.txt」の内容が代入されます。

《空のリストを定義》

```
train_image = []
train_label = []
```

「train_image」と「train_label」という空のリストを定義します。

第4章　GPU環境構築

《ループ》

```
for line in f:
```

「train.txt」を一行ずつ取り出してループします。

この「for文」は、「train.txt」の行数ぶんだけループします。
各ループでは、「line」に取り出した1行が代入されています。
たとえば、

```
data_set/test001.jpeg 0
```

のように、画像パスとタグの書かれている一行が格納されます。

《「改行」を除く》

```
line = line.rstrip()
```

「改行」を除きます。
「rstrip()」は、デフォルトで末尾の「改行」や「空白」などを削除します。

《「文字列」を分解》

```
l = line.split()
```

「line」に格納された「文字列」を、空白を目印に分解します。
たとえば、「data_set/test001.jpeg 0」ならば、

l[0] = data_set/test001.jpeg
l[1] = 0

になります。

《画像を読み込み》

```
img = cv2.imread(l[0])
```

「OpenCV」を使って画像を読み込みます。

《リサイズ》

```
img = cv2.resize(img, (IMAGE_SIZE, IMAGE_SIZE))
```

　画像を「28x28」に「リサイズ」します。
　ここで、「OpenCV」の「resize()」は、デフォルトで「INTER_LINEAR」
(バイリニア補完)という手法を使って「拡大縮小」を行なうことに注意

4-4 自分で作った「データセット」を使い認識させる

してください。

「拡大縮小」の方式はいくつか用意されていて、引数を加えることで指定できます。

《画素値を並べて一列に》
```
train_image.append(img.flatten().astype(np.float32)/255.0)
```

「img.flatten().astype(np.float32)/255.0」によって「28x28」の「画素値」を並べて一列にします。

画素値は最大「255」なので、「255」で割ると「0-1」の「float型」になります。

「MNIST」の画像に似た方式になります。

読み込んだ画像は、「train_image.append()」によってリストに追加されます。

＊

次に、「ラベル」を用意します。

```
tmp = np.zeros(NUM_CLASSES)
```

6個の分類だと、[0,0,0,0,0,0]が生成されます。

```
tmp[int(l[1])] = 1
```

たとえば、タグが0(ネコ)の場合は、「tmp[0] = 1」となり、「tmp」は、
[1,0,0,0,0,0]
となります。

これも**第3章**(p.115)で扱いました。

《リストに追加》
```
train_label.append(tmp)
```

「train_label リスト」に追加します。

「for文」によって、すべての行でこの処理が行なわれます。

《「numpy形式」に変換》

```
train_image = np.asarray(train_image)
train_label = np.asarray(train_label)
```

「numpy形式」に変換します。

「numpy」は、「数学計算」を助けてくれる「ライブラリ」で、特に「行列計算」が得意です。

「TensorFlow」と互換性があります。

《「データセット」の大きさを保存》

```
train_len = len(train_image)
```

後で「学習バッチサイズ」(一度の学習でどのくらいの枚数を学習するか)の調整をするために、「データセット」の大きさを保存しておきます。

《「test.txt」を読み込み》

同様にして、「test.txt」を読み込みます。

```
with open(FLAGS.test, 'r') as f: # test.txt
    test_image = []
    test_label = []
    for line in f:
        line = line.rstrip()
        l = line.split()
        img = cv2.imread(l[0])
        img = cv2.resize(img, (IMAGE_SIZE, IMAGE_SIZE))
        test_image.append(img.flatten().astype(np.float32)/255.0)
        tmp = np.zeros(NUM_CLASSES)
        tmp[int(l[1])] = 1
        test_label.append(tmp)
    test_image = np.asarray(test_image)
    test_label = np.asarray(test_label)
    test_len = len(test_image)
with tf.Graph().as_default():
    images_placeholder = tf.placeholder("float", shape=(None, IMAGE_
```

4-4 自分で作った「データセット」を使い認識させる

```
PIXELS))
    labels_placeholder = tf.placeholder("float", shape=(None, NUM_CL
ASSES))
    keep_prob = tf.placeholder("float")

    logits = inference(images_placeholder, keep_prob)
    loss_value = loss(logits, labels_placeholder)
    train_op = training(loss_value, FLAGS.learning_rate)
    acc = accuracy(logits, labels_placeholder)

    saver = tf.train.Saver()
    sess = tf.Session()
    sess.run(tf.initialize_all_variables())
    summary_op = tf.merge_all_summaries()
    summary_writer = tf.train.SummaryWriter(FLAGS.train_dir, sess.
graph_def)
```

[4-4-2]「画像」と「タグ」のセットを「教師データ」として「TensorFlow」で学習する

学習の準備をします。

《訓練の実行》

```
# 訓練の実行
if train_len % FLAGS.batch_size is 0:
    train_batch = train_len/FLAGS.batch_size
else:
    train_batch = (train_len/FLAGS.batch_size)+1
    print "train_batch = "+str(train_batch)
```

基本的には「1step」で「batch_size」ぶんの画像に対して学習を行ないますが、「学習データセット」がちょうど「batch_size」で割り切れないときがあります。

第4章　GPU環境構築

そのとき、「batch」を調整します。
ちなみに、バッチサイズはコードの最初のほうで定義されています。

```
flags.DEFINE_integer('batch_size', 256, 'Batch size'
                     'Must divide evenly into the dataset sizes.')
```

例では画像の数が「120枚」と「256」より少なく、もちろん「256」で割り切れないほう、「else文」のほうに条件分岐します。

batch数**(train_batch)**は、「1」になります。

もう2つほど例を出すと、画像枚数が「1024」のときはbatch数「4」、画像枚数が「1200」のときは、batch数(4+1)で「5」になります。

《画像に対して訓練》
```
batch = FLAGS.batch_size*i
batch_plus = FLAGS.batch_size*(i+1)
if batch_plus > train_len: batch_plus = train_len
# feed_dictでplaceholderに入れるデータを指定する
sess.run(train_op, feed_dict={
  images_placeholder: train_image[batch:batch_plus],
  labels_placeholder: train_label[batch:batch_plus],
  keep_prob: 0.5})
```
「batch_size」ぶんの画像に対して訓練を行ないます。

《訓練の経過を出力》
```
if step % 10 == 0:
```
この「ifブロック」内では、10ステップごとに訓練の経過を見れるように出力します。
もちろん学習も行ないます。

4-4 自分で作った「データセット」を使い認識させる

《「TensorBoard」に学習経過を表示》

```
# 10 step終わるたびにTensorBoardに表示する値を追加する
#summary_str = sess.run(summary_op, feed_dict={
#     images_placeholder: train_image,
#     labels_placeholder: train_label,
#     keep_prob: 1.0})
#summary_writer.add_summary(summary_str, step)
print "step %d, training accuracy %g"%(step, train_accuracy)
```

コメントアウトすると、「TensorBoard」に学習経過を表示できます。

《テスト》

```
if test_len % FLAGS.batch_size is 0:
    test_batch = test_len/FLAGS.batch_size
else:
    test_batch = (test_len/FLAGS.batch_size)+1
    print "test_batch = "+str(test_batch)
test_accuracy = 0.0
for i in range(test_batch):
    batch = FLAGS.batch_size*i
    batch_plus = FLAGS.batch_size*(i+1)
    if batch_plus > train_len: batch_plus = train_len
    test_accuracy += sess.run(acc, feed_dict={
            images_placeholder: test_image[batch:batch_plus],
            labels_placeholder: test_label[batch:batch_plus],
            keep_prob: 1.0})
    if i is not 0: test_accuracy /= 2.0
print "test accuracy %g"%(test_accuracy)
```

「テスト」をします。

「テスト・データセット」を使って、学習されたモデルが妥当かどうか判断します。

第4章　GPU環境構築

《学習したパラメータを保存》
```
save_path = saver.save(sess, FLAGS.save_model)
```
学習したパラメータを、「model.ckpt」として保存します。

[4-4-3] 学習したモデルを使う

「use_model.py」では「学習ずみのモデル」を使って、もう一度テストをしています。

モデルを再使用するとき、同じモデルの定義が必要です。
まったく同じ「CNN」を定義しましょう。

《「CNN」を定義》
```
saver = tf.train.Saver()
  sess.run(tf.initialize_all_variables())
  saver.restore(sess,FLAGS.readmodels)
```
まったく同じモデルを定義した後は、「saver.restore(sess,FLAGS.readmodels)」で「ckptファイル」を読み込みます。

《テストを実行》
```
for i in range(len(test_image)):
    pr = logits.eval(feed_dict={
        images_placeholder: [test_image[i]],
        keep_prob: 1.0 })[0]
    pred = np.argmax(pr)
    # print pr
    jpgname = test_image_name[i].lstrip(os.getcwd() + "/data_set")
    print jpgname + (":" + str(pred)).rjust(30-len(jpgname), " ")
```
「テスト」を実行します。
「use_model.py」では、詳細結果を表示しています。
「画像パス」と、モデルが推測したタグのリストが出力されます。

4-4 自分で作った「データセット」を使い認識させる

画像一枚に対して推測させるには、新しいコードを追加します。
「for文」の中身を一度だけ実行させてください。

```
pr = logits.eval(feed_dict={
    images_placeholder: [target_img],
    keep_prob: 1.0 })[0] # target_img:対象の画像
pred = np.argmax(pr)
```

「対象の画像」は「OpenCV」で読み込んでから、「28*28」にリサイズし、画素値を並べて一列にしたものです。

たとえば、以下のようになります。

```
img = cv2.imread(img_path) # img_path:画像パス
img = cv2.resize(img, (IMAGE_SIZE, IMAGE_SIZE))
target_img = img.flatten().astype(np.float32)/255.0
```
＊
少ないデータセットでは、「精度」が低いと思います。
より多くの画像を集めて、学習させてみましょう。